" CET HOMME A ÉTÉ ASSASSINÉ... "

DOMINIQUE LABARRIÈRE

« CET HOMME A ÉTÉ ASSASSINÉ... »

La mort de Bérégovoy
Enquête sur l'enquête

LA TABLE RONDE
7, rue Corneille, Paris 6e

À PATRICK BOURRAT.

« *On doit des égards aux vivants ;
on ne doit, aux morts, que la
vérité.* »

VOLTAIRE.

© Éditions de La Table Ronde, Paris, 2003.

ISBN 2-7103-2576-4.

Avant-propos

Le 1er mai 1993, aux environs de 18h10, sur la berge d'un canal, dans une commune limitrophe de Nevers qui s'appelle Sermoise, une balle de 357 Magnum fracassait le crâne d'un homme.

Il s'appelait Pierre Bérégovoy. Il avait soixante-huit ans. Quatre semaines plus tôt, il était encore le Premier ministre de la France, le troisième personnage de l'État.

Moins de deux heures après les faits, à 20 heures, à Paris, sur les écrans des télévisions et les ondes des radios, aucune place n'était laissée à l'incertitude: Pierre Bérégovoy avait délibérément mis fin à ses jours.

Une mort annoncée, prévisible sinon prévue.

Chacun se voyait ainsi invité à admettre l'évidence.

Dix années ont passé. L'évidence de ce suicide reste rien moins qu'évidente.

Ce qui, dans cette affaire, n'était pas clair dès le début l'est encore moins aujourd'hui.

Trop de négligences, trop d'incohérences sont venues brouiller les cartes et fausser la lecture de cet événement majeur à un double titre, puisque nous nous trouvons devant la mort d'un homme et la fin d'une ère politique.

Car on peut dire en effet que la disparition de Pierre Bérégovoy marque, avec toute la puissance symbolique d'un tel drame, la fin de l'ère Mitterrand.

Le 1er mai 1993, à 18h10 au bord du canal nivernais, c'est, à maints égards, l'histoire ouverte douze ans plus tôt, le 10 mai 1981, qui prend fin.

En ce sens, cette tragédie exprime bien davantage que la destinée individuelle d'un homme blessé. Elle éclaire son époque. Elle en dit les manquements, les petitesses, les échecs et les compromissions.

S'il est, dans l'histoire d'un pays ou d'un régime, des faits qui permettent d'en restituer la réalité, qu'elle soit sordide ou magnifique, la mort affreuse de Pierre Bérégovoy est bien de ceux-là.

Vouloir à tout prix la réduire aux dimensions d'un simple fait divers, comme on s'est ingénié à le faire, est une insulte non seulement à la mémoire du disparu mais aussi, et peut-être surtout, à la mémoire collective. Celle que d'aucuns, aujourd'hui, appelleraient sans doute: «la mémoire citoyenne».

1

Le faux pas

Ceux qu'il aimait ne l'aimaient pas bien. Il en est peut-être mort.

L'homme qui, le 30 avril 1993, à 8h55 du matin descend du train Corail venant de la gare de Lyon, à Paris, et pose le pied sur le quai A de la gare de Nevers est, sans le savoir ou en le sachant – l'énigme est là aussi –, un héros de tragédie.

Il voyage seul.

Le tomber du rideau est pour le lendemain, au bord d'un canal après la pluie.

Pour l'essentiel, le drame s'est noué en une année. L'entrée en scène est le 2 avril 1992, jour où celui qu'on ne voyait guère Premier ministre de la France, mais qui s'y voyait tellement et depuis si longtemps, reçoit Matignon comme jadis on recevait du roi une charge ou un titre pour honnêtes et fidèles services.

Le petit homme promu désire si fort ces hauteurs qu'il se refuse à en voir les pièges et veut ignorer le précipice où elles conduisent tout droit. Le dieu qui l'exhausse à ce sommet ne peut ignorer, lui, le délabrement du règne. Il a usé dans cet emploi quelques proches assez sûrs ou brillants, un ennemi intime et une reine d'atout écornée à jamais pour s'être assise à cette table où l'on joue décidément trop gros jeu. Bérégovoy succède donc à celle que, dédaigneux et machiste, il surnommait «Cressonnette».

L'homme qui arrive à Matignon en avril 1992 n'est pas dans les dispositions d'esprit ni de caractère d'y regarder à deux fois, de décliner l'offre périlleuse ou de ne l'accepter que sous bénéfice d'inventaire. Probablement s'imagine-t-il dans la position du majordome admis – enfin admis! – à la table du marquis. On attend de lui qu'il savoure l'honneur qui lui est fait, non qu'il discute le menu. C'est une docilité servile qu'on espère. Il est placé là pour essuyer les huées, les sifflets et les tomates pourries de la mauvaise pièce qui se termine.

C'est le printemps des affaires. Le printemps contaminé jusqu'à la moelle. Quelque trois millions de chômeurs ont tout le loisir de s'initier aux délits de cour et de basse-cour, de compter et recompter les milliards envolés, de dresser le bilan de la délinquance d'État, de fantasmer sur le droit divin d'écouter les conversations d'actrice très belle, d'entendre ou de ne pas entendre les premiers craquements en Bosnie, de pétitionner pour que les vestiges de l'honnête politicien aient une châsse au musée de l'Homme à côté du Pithécanthrope. Centre national de transfusion sanguine, Triangle, Pechiney, Urba-Gracco, Crédit lyonnais, Société générale, la Défense, O.M.-Valenciennes sont quelques-uns des grands noms de la rubrique scandales et magouilles du moment.

Le moral est au plus bas. La morale aussi. Tant de casseroles tintent sous les lambris du pouvoir qu'intégrer Matignon revient à endosser la blouse très grise du quincaillier en chef.

Tout de même, il est une petite lueur dans ce cloaque: le franc ne se porte pas trop mal. Or, c'est en grande partie au petit homme de Nevers qu'on le doit. D'ailleurs, il se voit assez bien en Pinay de gauche. On ne le dément pas.

Pour son camp, les choses vont mal. Le socialisme n'est plus un espoir mais une pratique honteuse. Et les élections législatives sont dans onze mois. Personne ne peut ignorer que ces onze mois ne suffiront pas à endiguer la dynamique de l'échec. Contre vents et marées, il se persuade du contraire, lui, le petit homme qui prend la barre. La presse lui fait une fin en même temps qu'elle annonce son avènement. Elle titre: «Le kamikaze du Président». On ne peut être plus clair. L'issue est écrite d'avance, comme il convient que cela soit dans les tragédies grecques de bonne facture. Le héros seul, humain trop humain, ignore ou feint d'ignorer ce que les dieux malicieux, cyniques et cruels ont arrêté pour lui.

Pour inverser le courant, il faudrait un coup magistral, un électrochoc prodigieux. Or, le Premier ministre n'est pas un homme de coup. Sa marque dominante est l'opiniâtreté. Agir s'inscrit pour lui dans la durée, dans le labeur patient des obscurs, dans le sillon qu'on creuse au pas du cheval, de l'aube au crépuscule. C'est donc à contre-emploi que l'homme va œuvrer et s'éreinter.

Dès son arrivée à Matignon, il tentera bien quelque chose. Ce sera à l'Assemblée nationale lors de son discours d'investiture, le 8 avril, ce grand oral qui peut paraître une formalité pour les diplômés du sérail mais qui est un péril de plus pour un nanti du brevet élémentaire agrémenté d'un double CAP d'ajusteur et de dessinateur industriel.

Le petit homme rond aux allures de comptable, celui que certaines notabilités du parti, dont Edith Cresson, surnommaient «l'enflure», monte à la tribune de l'Assemblée. Il est ce qu'il rêve d'être depuis des années : le Premier ministre de la France. Les narquois, ils sont légion, décèlent dans son attitude celle de la grenouille qui veut se faire aussi grosse que le bœuf. Il se dresse de toute sa chiche hauteur, plastronne, bombe le torse. C'est le maintien appliqué qu'il s'est imposé au fil des ans, et qui lui semble le mieux conforme à son ascension. Tout près de lui, dans son dos, on en sourit un peu trop volontiers.

La symbolique est convenue mais bien exacte qui veut que, gravissant les marches de cette tribune-là, l'impétrant revive son parcours politique qui, le plus souvent, se confond avec l'essentiel de son existence. Là, notre homme ne peut manquer d'avoir une pensée pour son père mort si tôt, trop tôt comme toujours, et sans doute lui dédie-t-il le cheminement difficile et remarquable qui l'a conduit d'un quotidien étriqué dans les faubourgs de Rouen au statut de troisième personnage de l'État.

Il prend la parole. Il a cette élocution appliquée, contrainte, surveillée, des gens qui, s'étant faits eux-mêmes, se sont imposé des façons de maître d'école. Ils ont banni de leur mode oratoire tout accent originel, toute tournure plébéienne, et donc toute spontanéité. Cet homme parle à l'encre violette et à la plume Sergent-Major. À aucun moment il ne parvient à s'affranchir ou seulement s'alléger du contrôle qu'il ne cesse de faire peser sur ses attitudes et ses propos. La forme n'est pas flamboyante. Elle ne peut séduire ni à la cour ni dans les salons. Comment le Président du moment qui ne déteste rien tant que le laborieux pourrait-il apprécier cette manière-là ? Nous revient en mémoire un constat identique que fait Annie Ernaux dans *La Place*: « Comment un homme né dans une bourgeoisie à diplômes, constamment "ironique", aurait-il pu se plaire en compagnie de "braves gens", dont la gentillesse, reconnue de lui, ne compenserait jamais à ses yeux ce manque essentiel: une conversation spirituelle?»

L'homme qui parle à la tribune de l'Assemblée nationale ce 8 avril 1992 est le Premier ministre de la France, mais personne ne saurait l'imaginer exécutant son prochain d'un bon mot, comme son maître sait si bien le faire et avec quelle gourmandise! Personne ne se le représenterait non plus s'extasiant devant les colonnes de Buren, incendiant le regard des femmes dans les dîners en ville, citant dans la même fulgurance d'esprit Casanova et Montesquieu, Gracq et Segalen.

Pourtant, dans les premières minutes de son discours, il paraît en passe de l'emporter, de marquer de son empreinte son accession et peut-être bien son temps de «gouvernance». Là, dans cette enceinte, institutionnelle entre toutes, devant les représentants du peuple exceptionnellement assez peu assoupis, il ose – oui, il ose, lui le tout premier! – le mot que ce peuple attend et qui est sur toutes les lèvres depuis des mois au Café du commerce et dans les prétoires, ce mot qui dit mieux que cent autres l'atmosphère et la gangrène de l'époque : corruption.

Personne avant lui, en ce lieu hautement républicain, n'a encore nommé le mal. Non seulement il le nomme, mais il annonce qu'il fait de la lutte contre ce fléau la priorité de sa politique.

Qui, au sein de cette assemblée, à droite ou à gauche, pourrait avoir le front d'aller contre, de ne pas adhérer, de s'interdire d'applaudir, de faire la fine bouche ? Qui ? À cet instant, la partie semble fort bien engagée, sinon gagnée. La rue vient d'entendre ce qu'elle voulait entendre. L'homme est à son zénith. Il est mieux que ce qu'on pouvait espérer. Il vient de se tracer une voie royale et consensuelle. Forcément consensuelle.

Mais voilà qu'un proche qui se veut un allié lui a soufflé une fin d'envoi de fine lame, une estocade de bretteur, à lui qui est si peu fait pour cela ! Il s'agit de clouer la droite sur ses bancs comme le papillon sur son liège. Il s'agit de dénoncer haut et clair sa part d'ombre, de la plonger elle aussi dans les méandres de la corruption.

Abandonnant sa stature de contempteur des mauvaises mœurs, de procureur de haut parage, l'orateur se pervertit soudain en petit commissaire de basse police rencardé de frais par ses balances, ses donneuses, ses tapins. Le voilà qui, en ce sanctuaire, à la tribune de l'Assemblée nationale, sort de sa poche et brandit un papier qu'il dit être la liste des corrompus de l'opposition.

L'effet, désastreux, est immédiat. Les gradins où il aurait voulu qu'on l'aime et l'estime se métamorphosent en muraille hostile. Ils s'enflent d'une houle à la fois hargneuse et soulagée. Soulagée parce que le chevalier blanc qui entendait nettoyer les écuries d'Augias vient de tomber de cheval. Hargneuse, parce que la joie de l'hallali l'est toujours. La riposte, commode et terrible, cingle. Elle vient de Pierre Mazeaud, juriste, député RPR et alpiniste plus familier des sommets que de la fange. Puisque l'imprécateur prétend avoir des noms, qu'il les donne ! Cela ne se peut, bien entendu. Alors, plus goguenards qu'épouvantés, les parlementaires quittent l'hémicycle en signe de protestation. « Rendez-nous Édith ! » scande André Santini, habituel faiseur de formules. Et d'ajouter: «Mauvais départ! Mauvaise ligne! Ça sent la fin!»

Le bluff est un fiasco. Ne réussit pas ses coups de Jarnac qui veut. On aime à croire que l'inspirateur du procédé aura péché par légèreté, non par rouerie, que ledit procédé aura été une maladresse, non un traquenard. Car voir en l'homme de Matignon un possible, un crédible joueur de poker relève soit de la naïveté la plus confondante, soit de l'indigence psychologique la plus consternante.

Dès lors, la fin du naufrage n'est plus qu'une affaire de calendrier. Dès lors aussi, on ne peut ignorer que ce n'est pas le nouveau Premier ministre qui vient d'être investi comme par défaut, mais la victime expiatoire idéale.

Quelques jours plus tôt, apprenant sa nomination à Matignon, sa sœur Jeanine lui fait cette interrogation de rude bon sens: «Dois-je te féliciter ou te plaindre?»

Poser la question en ces termes revient à y répondre. Il sera à plaindre. Au soir du ratage parlementaire, ce point est du domaine de l'acquis.

Le sens politique aurait voulu qu'on se tienne éloigné de la première ligne, qu'on adopte une posture de recours, qu'on se mette en réserve de la République. Ne pas être l'homme du naufrage mais un naufragé parmi les autres. S'épargner jusqu'à ce que la gauche ait de nouveau besoin de cet homme qui, à ce moment-là, ne manque pas d'atouts pour prendre date. Il a l'image d'un homme propre. En effet, il n'est mis en examen dans aucune affaire en cours ce qui, dans le maelström de l'époque, frise le prodige. On le crédite de sagesse et de rigueur dans le domaine monétaire. Son ancrage à gauche ne souffre aucune discussion. Enfin, il a l'expérience des responsabilités élevées, puisqu'il a été secrétaire général de l'Élysée alors que le système Mitterrand se mettait en place, puis ministre des Affaires sociales et ministre des Finances dans les gouvernements Fabius, Rocard et Cresson. Ce n'est pas rien.

Mais il se trouve que le sens politique et le sens du devoir ne sont que très rarement concordants.

Optant pour le second, le petit homme de Nevers ne fait pas le bon choix. Il s'en tient à une ligne de conduite qu'il affiche depuis toujours: servir. D'abord servir… Il obéit aussi, pour une part non moins importante mais plus chichement revendiquée, à la satisfaction immédiate d'un ego qui n'est pas mince. Aveuglé par l'importance du personnage qu'il est en passe de devenir, il accepte Matignon, ses ors, ses grandeurs, ses chausse-trapes, ses dangers. Il ne voit pas que, dans la conjoncture, la roche Tarpéienne est encore plus proche du Capitole qu'on ne le dit.

Le soir du faux pas du discours d'investiture, ceux du premier cercle, les briscards de la nomenklatura, les coalisés de l'Union de la gauche, ceux qui ne l'aiment pas bien sourient en coin. De ce sourire qu'ils échangent quand on leur rapporte que le petit homme et sa femme sont de toutes les premières de la Comédie-Française. L'«enflure» et sa «dame» au Français, pensez donc!

Il n'est pas des leurs, ne l'a jamais été et ne le sera jamais. D'ailleurs, avec ce chiffon de papier sorti de sa poche, ne vient-il pas de les conforter, une fois encore, dans la justesse de leur aversion? Quel manque de classe! Quelle méconnaissance des usages, vraiment!

2

L'homme du rivage

Qui est-il, lui, juché si haut? Il n'est issu ni de l'inspection des Finances, ni de Normale supérieure, ni du panthéon de l'inégalité des chances qu'est l'ENA. Il n'a bénéficié ni du privilège de téter dès la naissance le bagage comportemental et culturel requis pour voler haut, ni du luxe d'avoir le temps devant soi. Le temps d'étudier à satiété, de se frotter à suffisance aux bons milieux pour s'imprégner de leurs manières, de leurs réflexes, de leurs tics, de leurs codes.

Il a seize ans lorsque le père, tombé malade, meurt. Il faut renoncer à l'école et travailler, gagner sa vie. Ce sera d'abord l'usine Fraencker pour quelques mois, puis le chemin de fer où, au contact bien concret des réalités du boulot, s'ouvrira pour lui la perspective de la voie syndicale puis politique. Ce sera l'engagement vécu comme une nécessité, non comme une opportunité de carrière.

Surtout, le garçon met une application formidable, lui, ce fils d'émigré ukrainien, à se couler dans le moule hexagonal. Il épouse en cela la voie suivie par un certain Lev Tarassov qui a choisi le pseudonyme d'Henri Troyat pour signer ses livres. Toute sa jeunesse, l'habitera la poignante obsession de se faire plus français que nature, de devenir français au mérite faute de l'être de lignage. De ses origines, de son éducation, il bannira tout ce qui pourrait gauchir d'exotisme son appartenance à la communauté nationale. Cela est magnifique. Cela est exemplaire. Mais dans son cas précis, cet intégrisme de l'intégration est aussi une erreur tactique.

Il naît à Déville-lès-Rouen en 1925 deux jours avant Noël. Le père, ancien officier du tsar, a émigré en France quelques années plus tôt. Il est parti de Russie non pour des raisons politiques, mais «comme ça», dira laconiquement le fils au lieu de donner dans l'épopée. Le ci-devant officier tentera de rentrer au pays mais il renoncera et s'arrêtera en Pologne. La Révolution bolchevique est alors en marche. Un de ses frères en est. Ils correspondront jusque dans les années trente.

L'enfant qui naît en 1925 à Déville-lès-Rouen s'appelle Pierre Bérégovoy. Fils de Pierre Bérégovoy. Ce mot désigne en ukrainien «l'homme qui habite la côte», «l'homme du rivage». Celui qu'on laisse à la rive du premier cercle et qui meurt sur la berge d'un canal, suggère une facile lecture symbolique. Ce nom se prononce originellement «Bérégovoï», et c'est ainsi qu'il sonnera longtemps encore, des collègues se souvenant de l'avoir entendu sur ce mode à l'arrivée de l'intéressé à Gaz de France-Paris, en 1957.

Imaginons un instant le même parcours revisité par un Mitterrand, par un habile façonneur d'images, un inventeur de destinée, un stendhalien spectateur de soi-même!

Tout d'abord, la bévue de franciser le patronyme n'aurait pas été commise. A-t-on vu les princes Troubetskoï aseptiser le leur en un piètre «Troubets-quoi»?

Il fallait se vouloir et s'affirmer français de cœur, mais, dans le même mouvement, se revendiquer d'âme slave. Alors le petit homme eût été à la mode. Il eût été d'un chic achevé d'avoir à sa table ce Pierre Pétrovitch Bérégovoï dont les rondeurs trahissent un goût un rien excessif pour la vodka des boyards déchus et nostalgiques, non pour le calva des zincs de Rouen.

Un père ancien officier du tsar, peut-être même aristocrate, aurait été d'un heureux effet dans le tableau. Ainsi que l'oncle, révolutionnaire de la première heure avec le couteau entre les dents et, allez savoir, du sang de Romanov sur les mains. Quant au bistroquet-épicerie que tiennent la mère et le père au petit bourg de La Vaupalière, à quelques encablures de Rouen et de son port, sur la route de Barentin, n'est-il pas en vérité le lieu privilégié où se retrouvent en secret les bannis de toutes les Russies et de quelques autres barbaries?

Mais non, il n'est pas terne, le petit homme rond et raide, il est juste confit en nostalgie. Cette nostalgie slave qui est le nec plus ultra en matière de cancers de l'âme. D'ailleurs son père, l'officier du tsar, en est mort. Il ne s'est jamais remis d'avoir dû fuir son pays, abandonnant tout derrière lui, carrière, titre, honneurs... Sa vie, ici, en France, n'aura été qu'une longue agonie dont le souvenir et les stigmates sont bien visibles dans le regard morne du fils et son sourire contraint. C'est le soleil noir de la mélancolie qui hante la prunelle sombre de ce noble Russe à la tour abolie... Car on n'aurait pas hésité à faire appel à Nerval pour le portrait de cet autre «Desdichado».

Bérégovoy et sa femme sont de toutes les premières à la Comédie-Française ? On a beau dire, mais l'âme slave est avant tout une âme artiste. Oui, à la Comédie-Française où il se rend pour perpétuer, se persuade-t-on, le culte d'une parenté discrète avec Pouchkine ou Tchekhov, on ne sait pas très bien. Et combien sont touchants ses efforts pour gommer tout accent, toute inflexion étrangers et s'exprimer à la manière de nos bons instituteurs d'autrefois !

Ah ! le beau roman que nous eût servi le dieu d'alors ! Le joli Verbatim copié-collé que cela eût fait !

Il fallait la jouer slave. Bérégovoy l'a jouée Français de France. Franchouillard même. Il s'est voulu honnête, simple et vrai dans un système de cour dont le fonds de commerce n'a cessé de prospérer sur le lisier du faux-semblant,

27

du méandreux et du travestissement. C'est là son échec premier.

Pierre Pétrovitch Bérégovoï n'a pas su se mettre en scène, se parer de légende. Même son passé de résistant – authentique le sien, et non recomposé ou rêvé – n'a pas été exploité au quart de sa valeur. Pour une destinée ordinaire, banalement citoyenne, cela mérite d'être encensé. Pour une ambition politique, le constat de myopie stratégique s'impose.

S'il avait su embellir son départ dans la vie, le fait qu'il fût autodidacte serait allé de soi. On l'aurait regardé comme une singularité de plus, au lieu de le lui reprocher. Car on n'a pas manqué de le faire. Reproche muet, le plus souvent. Mais ouvertement exprimé aussi. Parfois avec éclat. À la télévision, notamment.

Alors qu'il vient d'être nommé ministre des Finances, il est invité à l'émission *L'Heure de vérité*, sur Antenne 2. D'entrée de jeu, la journaliste, Christine Clerc, titille là où ça fait mal. Elle égratigne, certes, mais elle ne ferme pas le jeu. Elle tend même une assez jolie perche.

– Vous êtes ministre des Finances. Vous avez un certificat d'études…

Visiblement agacé, l'hôte corrige :

– Le brevet élémentaire.

– Soit. Le brevet élémentaire. Alors comment arrive-t-on, avec un brevet élémentaire, à avoir la compétence requise pour ce poste ?

Bérégovoy se dandine sur son siège et lâche, ulcéré, visiblement blessé :

– Si j'étais énarque, me poseriez-vous cette question ?

Tout, ici, est dans le ton et l'attitude. Accompagnée d'un sourire, d'une étincelle de malice, cette réponse était un coup gagnant. Crispée comme elle le fut, elle n'était qu'un aveu de faiblesse. Un instant d'hésitation et la réplique arrive, cinglante, dévastatrice :

– Non, évidemment !

Englué dans un complexe d'infériorité scolaire qu'il traîne depuis toujours, le ministre n'a pas vu l'ouverture. Il n'a pas su saisir la perche. Il aurait pourtant suffi de répondre strictement à la question, alors qu'il s'est empressé de l'interpréter, n'en retenant évidemment que l'arrière-fond désobligeant. La bonne réponse pouvait être quelque chose dans le genre :

– Merci, madame, de considérer que j'ai cette compétence. Quant à savoir comment y arriver en partant d'un brevet élémentaire, c'est tout simple : travailler plus, encore plus, toujours plus que les autres. C'est ce que je me suis imposé toutes ces années.

Ce faisant, il tirait avantage de la suspicion induite dans la question. Au lieu de cela, d'emblée, il s'est placé en position d'infériorité. Humilié, il s'est vulnérabilisé lui-même en se mettant sur la défensive. Comment aurait-il donc pu être à l'aise le reste de l'émission, lui qui, il vient de le montrer une nouvelle fois, n'est pas un animal télévisuel ?

D'ailleurs, dans une très large mesure, le problème est là. Bérégovoy n'est pas très charismatique. Il n'est pas médiatique. Ou plus exactement, il n'est pas craint des médias, des journalistes. Si sa présence physique, sa manière d'occuper l'espace, son charme, son élégance avaient été remarquables, l'absence de diplômes serait passée au second rang. Pareillement, si son sens de la repartie, sa truculence, son impertinence avaient été redoutés, il est probable que la journaliste eût regardé à deux fois avant d'attaquer le débat d'une façon potentiellement si déstabilisatrice. Les médias, particulièrement la télévision, sont des prédateurs assez prudents qui dévorent de préférence les animaux les plus faibles du troupeau. Face aux autres, ils jouent plutôt profil bas. La journaliste se permet l'insinuation blessante parce qu'elle sait que sa victime n'aura pas la vivacité, la hargne de lui retourner sa gifle en lui répondant par exemple :

– Vous avez tout à fait raison, madame. Avec mon brevet élémentaire je suis notoirement incompétent. Et c'est justement parce que je suis incompétent que je me trouve aujourd'hui à mon poste. Depuis des décennies, on n'y met que des gens compétents. On voit le résultat. Il était donc grand temps d'essayer autre chose. Ce sera donc moi et mon incompétence…

Bérégovoy n'est pas l'homme de telles insolences, et comme les médias ne respectent et n'apprécient que ce qu'ils craignent, dans ce milieu non plus il n'est pas très aimé. Il manque d'éclat. Il est tout sauf un bateleur.

En fait, dans la question de la journaliste, ce n'est pas, finalement, le fait qu'il soit autodidacte qui est fustigé. C'est que cela se voit tellement. Comme le nez au milieu de la figure. Ce n'est pas qu'il soit simplement armé d'un brevet élémentaire qui donne prise, mais qu'il porte des costumes assortis à ce modeste parchemin et qu'il promène partout un aspect, un look dirait-on aujourd'hui, d'employé de bureau. Cette prévention est probablement inconsciente chez nombre de ses interlocuteurs médiatiques, mais ô combien opérante! Ceux-là constituent aussi, dans leur domaine, un premier cercle. Ses a priori, ses tics, ses refus, ses frilosités ne sont pas fondamentalement différents de ceux de l'autre premier cercle, celui du pouvoir.

Les deux ont à ce moment-là leur chouchou de modeste extraction. Cela suffit. Point trop n'en faut. C'est Bernard Tapie, dont l'abattage, la gouaille, le culot valent bien, aux yeux des uns et des autres, tous les brevets de haute techno-cratie d'État. Mais il en va des premiers cercles comme des grandes familles: une mésalliance, passe encore. Cela fait même joli dans le tableau. Davantage, non. Ce serait déroger et s'engager sur la voie de la décadence, de la déchéance, de la dégénérescence. En consé-quence, là encore, l'homme du rivage doit rester sur le quai. Il n'est pas admis à embarquer sur le grand bateau blanc où s'agitent les excellences. Il a sa place et son rôle en cuisine, mais il n'est pas convié à la table des agapes princières. Cela au propre comme au figuré. Ainsi, le jour du référendum sur Maastricht en septembre 1992 où il a le front, semble-t-il, de s'inviter, avec sa femme, au déjeuner du Président, à la table de l'ancienne propriétaire de l'hôtel du Vieux Morvan, à Château-Chinon.

Surprenante initiative, d'ailleurs! D'ordinaire, en pareilles circonstances, l'entourage est informé des présences souhaitées par le chef de l'État. On ne s'impose pas. On est convié ou on ne l'est pas. Bérégovoy ne peut l'ignorer. Alors, des questions se posent: peut-il s'être rendu à ce déjeuner sans que quelqu'un lui ait laissé entendre qu'il y était attendu? L'a-t-on, là encore, mal conseillé, mal informé? Pourquoi? Pour le griller un peu plus aux yeux de Mitterrand? Bref, bien que Premier ministre en exercice, il est indésirable. Le Président fait la lippe. Il n'aime pas ce qui le dérange, l'importune, ce qui vient troubler son petit monde et polluer les délices de sa conversation. Encore, si l'on pouvait reléguer les intrus au bas bout de table, on s'arrangerait pour les y oublier. Mais un Premier ministre ne saurait être exilé à cette extrémité. Il faudra donc que le Président le subisse dans son champ de vision, esquisse un brin de conversation avec l'épouse, prête une oreille aux lieux communs inévitablement servis par le mal venu. Le Président est à ce point contrarié qu'il escamote le déjeuner. L'affront est à la mesure de l'audace que le petit homme s'est offerte en venant là.

D'autres banderilles, plus ou moins assassines, lui sont infligées. D'autant plus blessantes qu'elles viennent le plus souvent de son propre camp. On se souvient de Pierre Joxe répondant, en 1988, au *Club de la presse* d'Europe 1, à une question sur le scandale Pechiney qui vient d'éclater. Pour illustrer l'intégrité qu'il prête aux hauts serviteurs de l'État, il met en avant Bérégovoy et ses chaussettes. «Regardez le ministre des Finances, déclare-t-il en substance. S'est-il enrichi? Regardez ses costumes, ses chaussures, ses chaussettes!»

Ce ministre-camarade, ce grand bourgeois, croit probablement faire de l'humour. Peu importe, sans doute, qu'il vexe, humilie, ridiculise. Là encore, il peut se l'autoriser. Il sait d'avance que la riposte, s'il y en a une, ne sera guère fracassante.

Plus tard, après la mort de Bérégovoy, ce même ami politique, certainement d'un genre particulier mais irréprochable sur les chaussettes qu'il porte, versera de nouveau dans le sarcasme pour évoquer la satisfaction du petit homme lorsqu'il a été nommé secrétaire général de l'Élysée, en 1981.

«Il sautillait. Lui, pas très grand, si peu athlétique, il sautillait. Il sautillait en répétant: "C'est moi! c'est moi." Il sautillait comme un garçon qui vient d'obtenir un prix. Il sautillait…» Qu'on puisse éprouver et manifester une joie d'enfant à l'annonce d'une promotion est évidemment une aberration, une faute de goût sans nom pour ces barons d'État qui, convaincus que les maroquins leur reviennent de droit, ne s'émerveillent plus guère de se les voir confiés.

Il y a un grand fond de mépris dans cette moquerie. Réservée à une fin de dîner du sérail, on pourrait l'excuser, voire en sourire. Déballée sur les ondes, elle n'est qu'une méchanceté gratuite, l'expression médiocre d'un préjugé de classe ou de caste.

On notera dans cette charge la référence au physique de celui qu'on vise. Sa petite taille, sa corpulence non athlétique sont mises en avant. Or, c'est connu, rien ne blesse davantage que les attaques de cette nature. Depuis Giraudoux et *L'Apollon de Bellac*, on sait bien que pour se mettre les hommes dans la poche il suffit de leur dire qu'ils sont beaux. Inversement, pour les détruire, pour les faire douter d'eux-mêmes, souligner leurs disgrâces physiques ou leur en inventer est le procédé le plus sûr. En tout cas le plus bas.

Mais là aussi, on se permet de tels propos vexatoires parce qu'on ne redoute pas un retour à l'envoyeur dans la veine d'un Cyrano. Bérégovoy, lui, ne dégaine jamais. C'est tout juste s'il ne tend pas l'autre joue. Voilà encore une de ses erreurs. D'aucuns, évoquant les gènes querelleurs d'un père officier du tsar, auraient habilement fait courir le bruit que personne, si haut fût-il placé, ne devait se sentir à l'abri d'un petit cassage de gueule. Cela est trivial et plutôt romanesque, certes, mais redoutablement effi-cace. Si petit et si gauche qu'on soit, il faut tou-jours laisser entendre qu'on ne rechigne pas à distribuer, de loin en loin, quelques calottes.

Enfin, ultime détail dépréciateur: alors qu'on aurait pu traverser l'existence dans la peau d'un Pierre Pétrovitch Bérégovoï, d'un rejeton de cosaque devenu ministre à la cravache et qu'on se retrouve affublé du diminutif «Béré», c'est-à-dire «béret», l'emblème franchouillard par excellence avec le litre de rouge dans la poche et la baguette sous le bras, les dés ne sont-ils pas pipés, la partition n'est-elle pas écrite d'avance? Ne présente-t-on pas «naturellement» le profil du souffre-douleur idéal, du mouton sacrificiel, de l'immolé expiatoire?

Dans la tourmente électorale et politique du moment, il en fallait un. Ce fut Bérégovoy, le petit homme de Nevers. Ce ne pouvait être que lui.

Tout était en place pour qu'il en fût ainsi.

3

La tempête de février

Si Dieu est Dieu, il sait.

Il sait que sa boutique est en feu. Il sait, en avril 1992, que les élections de mars 1993 sont perdues. Il sait que le pompier de service qu'il dépêche risque fort de cramer dans les décombres.

Il sait. Ou alors Dieu n'est pas Dieu.

En septembre, et de nouveau en décembre-janvier, la tempête monétaire sévit. On craint le clash. Le pompier va au charbon et ne s'en tire pas si mal. Mais ce n'est pas sur le monétaire que se joueront les élections. En janvier, le chiffre de trois millions de chômeurs est officiellement reconnu. Cela pèse d'un tout autre poids. Dans le même temps, sur le front des affaires, c'est feu d'artifices matin, midi et soir. On vit un feuilleton quotidien dont les juges sont les cow-boys et les journalistes les croque-morts. Le spectateur, qui se rappellera bientôt qu'il est aussi un électeur, ne s'étonne plus de rien, et quand, le 27 février, il apprendra qu'on est allé jusqu'à fracturer et piller le coffre-fort de l'Assemblée nationale, il se contentera de hausser les épaules. Dans *Dallas*, au moins, les symboles institutionnels étaient épargnés.

Cependant, le grand épisode de ce février calamiteux n'est pas là. Pierre Bérégovoy en sera, bien malgré lui, la vedette. Le mercredi 3, soit exactement quarante-six jours avant le premier tour des élections législatives, l'hebdomadaire *Le Canard enchaîné,* auquel on ne fera pas injure en le situant à gauche, dévoile l'existence d'un prêt d'un million de francs consenti aux Bérégovoy par leur ami Roger-Patrice Pelat pour l'achat d'un appartement à Paris, rue des Belles-Feuilles, dans le XVIe arrondissement.

Nous sommes en septembre 1986. La France vit sa première cohabitation. Pierre Bérégovoy n'est plus ministre des Finances depuis mars de la même année. À ce moment précis, rien ne permet de parier sur un retour de la gauche aux affaires avant longtemps; rien ne permet non plus d'imaginer que Bérégovoy puisse de nouveau exercer un jour des responsabilités gouvernementales. Ce point a son importance, car il montre que le prêt ne peut pas avoir été consenti dans la perspective de services à venir. Roger-Patrice Pelat, que, depuis 1981, on appelle «le vice-président» tant il est proche du chef de l'État et tant son influence est grande dans le landerneau mitterrandien, est trop averti des incertitudes politiques pour se risquer à cela.

Le prêt d'un million de francs est sans intérêt. L'argent est versé par chèque à l'ordre de maître Guillemin, le notaire de la transaction immobilière de la rue des Belles-Feuilles. La reconnaissance de dette sera déposée chez maître Thomas, notaire à Nevers. Il est stipulé en toutes lettres dans le document notarié que le prêt devra être remboursé «le 31 décembre 1995 au plus tard». En outre, l'opération, datée du 18 septembre 1986, fait l'objet d'un enregistrement auprès des services fiscaux de Nevers Nord.

La première remarque qui s'impose est que, si les parties avaient opté pour le secret, la clandestinité, elles auraient procédé autrement. Car le choix de la dissimulation pouvait fort bien prévaloir. Cela d'autant que les deux hommes appartiennent à cette génération pour qui la clandestinité conservera à jamais le goût du refus, de la Résistance, de l'opposition frondeuse, courageuse et périlleuse au système en place. Avec, en prime, un petit parfum canaille qui n'est pas sans charme. Cette dimension-là, celle des relations très singulières qui unissent à vie ceux qui ont partagé l'engagement dans la Résistance, liens à peu près incompréhensibles de l'extérieur, Pierre Joxe, l'arbitre en élégance molletière, ne saura la voir quand il condamnera le prêt, affirmant, péremptoire: «Un homme politique n'emprunte pas d'argent à un multimillionnaire. Il va à la banque.» Quand le politique et le millionnaire sont passés par la Résistance et ses combats de l'ombre, le schéma est tout autre. Le prêt revêt la valeur nostalgique d'un acte de solidarité entre combattants. Il ne saurait être seulement une affaire de pognon *stricto sensu*… Et dès lors, que ce prêt ne soit pas assorti d'intérêts va presque de soi.

La deuxième remarque est qu'il n'y a rien d'illégal, en France, dans le fait qu'un individu prête de l'argent à un autre individu, avec ou sans intérêts.

La troisième, et non la moindre, est que si Pierre Bérégovoy, qui de 1981 à avril 1986, n'a jamais cessé d'être secrétaire général de l'Élysée ou ministre, avait été un homme corrompu, il n'aurait assurément pas eu besoin d'emprunter un million – «une patate», comme dit Bernard Tapie – pour financer son cent mètres carrés de la rue des Belles-Feuilles.

La quatrième, elle aussi importante, est qu'à ce moment-là, en septembre 1986, il n'y a pas encore d'affaire Pechiney. De ce fait, Pelat, «le vice-président», dont la mise en examen intervient en février 1989, est encore très fréquentable, si ce n'est insoupçonnable, et recevoir de l'argent de lui, dans des formes légales, ne peut être condamné a priori. Pourtant, les accusateurs de 1993 feindront d'ignorer cette évidence, car c'est davantage la personnalité du prêteur qui semblera choquer leur belle âme que le prêt lui-même.

Enfin, autre élément à apporter au crédit moral de l'emprunteur: si, au début de l'année 1993 lorsque la tempête se lève, il est toujours redevable de cinq cent mille francs à son bailleur, c'est manifestement qu'il n'a pas cherché à puiser cette somme où que ce soit depuis son retour aux affaires, en mai 1989, d'abord au ministère des Finances, puis à Matignon. On conviendra que, dans cette période-là, où il avait accès aux fameux fonds secrets, il lui aurait été facile de solder son dossier avec les héritiers de l'homme d'affaires s'il avait nourri le moindre doute sur la clarté, la légalité et l'honnêteté du prêt.

Tout comme Pierre Bérégovoy, Roger-Patrice Pelat est un self-made-man. Qu'on le veuille ou non, cela crée des liens. La mère du «vice-président» était femme de ménage. Lui-même a, un temps, gagné sa vie en chantant dans les rues. Il y a du Zola dans les débuts de ce millionnaire. C'est là un parcours suffisamment romanesque pour plaire dans le premier cercle. Le petit Pierre Pétrovitch Bérégovoï aurait été bien inspiré de chanter un peu, dans sa jeunesse, *Les Bateliers de la Volga* ou *Les Yeux noirs* sous les fenêtres des bourgeois de Rouen.

Origines modestes, Résistance, engagement auprès de Mitterrand : les deux hommes sont devenus amis dès le début du premier septennat.

Le nouveau Président, qui a hâte alors de renvoyer l'ascenseur à son vieux compagnon de route, son camarade de captivité à la conduite admirable, son allié dans la Résistance, charge son secrétaire général de l'Élysée de mener l'affaire à bien. Cela aboutira à faire racheter Vibrachoc, une entreprise de Pelat, par Alsthom, la BNP et le Crédit lyonnais. La société, qui avait été créée en partenariat avec le frère du Président, Robert Mitterrand, ne se porte pas merveilleusement bien à ce moment-là. Elle est estimée à vingt millions de francs par des experts. Pelat en veut cent quatre-vingts millions. L'affaire se conclura à cent dix millions. Alsthom mettra soixante millions au pot. Et, un semestre plus tard, affichera un trou du même montant. Cherchez l'erreur ! aurait dit Coluche.

Tout aussi sûrement que des origines modestes et la Résistance, une juteuse affaire comme celle-là est propre à rapprocher des gens de bonne compagnie. Toutefois, ce n'est pas à Bérégovoy que Pelat sera redevable de ce signalé service, mais au Président lui-même, sans le commandement formel de qui la transaction n'aurait pu connaître cette heureuse issue.

Il est difficile de ne pas voir là une manifestation de reconnaissance du nouveau chef de l'État pour l'ami industriel qui, durant des

44

années, dans son parcours d'opposition, l'a rétribué au titre de conseiller juridique. Cependant, on n'osera pas employer à ce propos le terme de remboursement qu'il convient de réserver aux arrangements subalternes d'un Bérégovoy...

Une estime réciproque est donc née qui se verra matérialisée par le prêt d'un million de francs sans intérêts de septembre 1986. À propos de ce prêt, la justice et la presse, la seconde se révélant parfois un surprenant relais de la première, ont cherché à découvrir si cette prodigalité ne venait pas en récompense d'un quelconque service rendu, ce qui, compte tenu des mœurs du moment, n'aurait pas été surprenant.

À ce stade, il convient de ne pas perdre de vue une réalité incontournable. Dans son parcours d'homme politique, d'homme de pouvoir et de parti, de directeur de campagnes électorales, Pierre Bérégovoy n'a jamais fait l'objet d'une mise en examen. On n'en retiendra pour l'exemple que l'affaire Pechiney qui, pourtant, gravite fort autour de lui. La juge Édith Boizette, chez qui on ne saurait soupçonner de complaisance pour l'establishment et ses grands noms, n'a pas trouvé matière à inculper l'intéressé dans sa longue et minutieuse instruction.

Elle aurait dit par la suite que si elle avait été informée du prêt Pelat, elle aurait, sans doute, «instruit différemment». Mais, le fait est là: de mise en examen, point.

Roger-Patrice Pelat l'est, lui, dans cette affaire. Malheureusement, il sera arraché à l'affection des siens deux semaines et demie plus tard, victime d'un malaise alors qu'il se trouve soigné pour un problème cardiaque à l'Hôpital américain de Neuilly.

Quand le destin a décidé de s'acharner, il ne frappe pas à demi. Pelat était fort las, dit-on. Il faut l'être en effet, pour, à maintes reprises, dans cette brasserie de la Madeleine, à Paris, où il déjeune habituellement, s'être laissé aller à répéter aux propriétaires devenus des familiers: «Vous verrez, ils auront ma peau!»

L'homme emporte ses mille et un petits secrets dans la tombe. Mais ses comptes en banque continuent de parler pour lui. Ou plutôt contre lui. C'est par ce biais que le juge Thierry Jean-Pierre découvrira l'existence du fameux prêt.

Il enquête alors sur une affaire de pots-de-vin. Il vient de tomber sur des factures de vingt millions de francs pour des aménagements apportés dans la propriété d'environ huit cents hectares que Pelat a acquise à La Ferté-Saint-Aubin, en Sologne. Ces factures ont été ensuite imputées à des travaux concernant le programme immobilier de la Défense et du CNIT.

La propriété de Sologne s'appelle L'Écheveau. Cela ne s'invente pas.

Devant de tels méandres, le magistrat instructeur décide de recomposer le paysage bancaire de Roger-Patrice Pelat. Il cherche donc. Et trouve.

Ce seront au total quelque cinq cents chèques. Douze d'un montant égal ou supérieur à un million de francs. Puis quatre cent quatre-vingts et quelques autres d'une somme supérieure à vingt mille francs.

Parmi ces chèques, figure bien entendu celui libellé à l'ordre de maître Guillemin, notaire à Paris, pour le compte de Pierre Bérégovoy.

On n'a pas prêté assez attention aux dates auxquelles ces trouvailles merveilleuses ont eu lieu. C'est le 29 janvier 1993 que le juge Jean-Pierre se fait ouvrir l'historique bancaire, ainsi que le révèle Charles Villeneuve dans son ouvrage *Les Liaisons dangereuses de Pierre Bérégovoy*. C'est le 1er février que le procureur de la République du Mans, Yves Bot, et le juge lui-même se transportent chez maître Guillemin, à Paris, et apprennent de lui, très officiellement, l'identité du bénéficiaire du prêt.

29 janvier. 1ᵉʳ février. Or, dès le lendemain, 2 février, l'article du *Canard enchaîné* est bouclé et inonde les rédactions et les cabinets institutionnels. Le mercredi 3 au matin, on se l'arrache dans les kiosques. La bombe explose.

Qui ira après cela se plaindre des lenteurs de la justice! Ou plus exactement de ses fuites! Qui ira prétendre, dans les écoles de journalisme où le mot déontologie vaut gargarisme, que valider, vérifier, contrôler l'information et ses sources prend du temps?

Comment l'existence de ce chèque, qui d'ailleurs ne peut pas avoir été inscrite au dossier de l'enquête proprement dite que mène alors le juge Jean-Pierre, puisqu'elle ne la concerne pas directement, a-t-elle été portée si vite, si complètement à la connaissance des médias?

Ce chèque, à ce moment-là, au strict plan de la procédure, ne fait l'objet que d'une information du juge Jean-Pierre à destination du Parquet pour mentionner ce fait «qui n'appartient pas naturellement à son dossier», mais dans lequel il croit déceler un possible caractère délictueux. Il avance cette hypothèse car il ne trouve pas traces de remboursements ni d'inscription de la créance dans la succession Pelat.

Sur le premier point, il convient de se souvenir que la date butoir de remboursement est le 31 décembre 1995. Pour le second, on ne peut s'interdire d'envisager qu'il y a peut-être eu négligence, car, encore une fois, la volonté de dissimuler se trouve contredite dès l'origine par les enregistrements notariés et fiscaux du prêt et de la reconnaissance de dette.

Mais ce sont là des considérations et des éventualités trop favorables à la présomption d'innocence pour qu'on s'en encombre dans la précipitation médiatique, on serait tenté de dire l'hystérie, du moment.

L'à-peu-près tiendra lieu de mètre étalon. Ainsi, *Le Canard enchaîné* prétendra expliquer l'origine des fuites, et donc de son information, par une conversation du juge Jean-Pierre avec un journaliste. Cette conversation aurait été surprise par un gendarme qui aurait eu, là-dessus, le réflexe tout pandorien de faire un rapport en bonne et due forme. Le seul problème est que jamais aucun témoignage ne viendra étayer cette prétendue information et que ni l'enquête de police diligentée ni les recherches des magistrats concernés ne permettront de retrouver trace du gendarme providentiel. Au bout du compte il faudra se rendre à l'évidence que tout cela n'est qu'une fable sortie de l'imagination de quelque cerveau fatigué mais haut placé de la place Vendôme.

Au demeurant, nous n'avons pas connaissance que des sanctions aient été prises pour cette tentative de manipulation et il semble bien que le repentir journalistique ait été, sur ce sujet, d'une discrétion digne des plus grands éloges.

De toute évidence, dans cette affaire il y aura d'autres fuites. Le 8 février, la Chancellerie fait interdire au juge Jean-Pierre d'instruire sur le prêt Pelat. Les lecteurs du *Monde* seront informés de cette démarche dans l'édition datée du 11, alors que Pierre Bérégovoy lui-même – Premier ministre de la France, doit-on le rappeler ? – n'est pas informé de cette initiative capitale prise par son collègue garde des Sceaux et dont on ne peut se convaincre aisément qu'elle ait été mise en œuvre en dehors de toute concertation avec l'Élysée.

Il en est si peu informé, le premier concerné, qu'il croit de bonne foi qu'elle n'existe pas. Pire, on le laisse se ridiculiser à la télévision où il affirme tranquillement qu'il n'y a eu aucune intervention de la Chancellerie. Cela alors même que la presse est en train d'imprimer pour le lendemain la preuve du contraire. On cherCherait à lui nuire, à le détruire, s'y prendrait-on autrement?

Mais s'il y a des fuites, il y a aussi des silences, des oublis, des négligences.

La question que se posent à bon escient la justice et la presse est, nous l'avons dit, de savoir si le prêt d'un million de francs n'a pas été octroyé en récompense de facilités, de bienfaits accordés à Pelat. Bref, en remerciement de quelqu'une de ces douceurs qu'un ministre des Finances est à même de dispenser.

Outre que le simple bon sens semble indiquer que s'il s'agissait d'une récompense, une bonne vieille mallette de billets eût mieux fait l'affaire, on n'aura pas assez opposé l'attitude, pourtant exemplaire, de Pierre Bérégovoy dans un dossier où il avait toute latitude de manifester sa bienveillance.

Il s'agit bien entendu d'un dossier Pelat. Il s'agit de cinq cents millions de francs. Un projet immobilier pharaonique en Corée du Nord. Une moisson de pots-de-vin à la clef. Pour monter l'affaire, il suffit que la France accorde un prêt de cinq cents millions à la Corée du Nord. Une formalité. Le verrou de cette autorisation est le ministre des Finances à travers la Compagnie française d'assurance pour le commerce extérieur (la COFACE). Arguant de créances non honorées par le pays concerné, le ministre, Pierre Bérégovoy, oppose un refus qu'il signifie et motive par écrit. Il s'en tiendra à cette position.

Finalement, l'obstacle sera contourné et l'autorisation obtenue. Par d'autres voies qu'on se limitera à qualifier d'impénétrables…

On s'étonnera tout de même que ce refus, courageux puisque opposé au «vice-président» lui-même, et ce en 1984, au plus fort de son influence, n'ait pas pesé davantage en faveur de Bérégovoy. Or, cette «résistance» constitue, qu'on le veuille ou non, une pièce importante à porter au chapitre «probité» de son dossier. Une de plus, nous l'avons vu, avec le fait qu'il ait eu à recourir à l'emprunt pour acquérir son appartement et sa non-mise en examen dans les affaires Pechiney et collatérales.

Ce sont là des réalités établies, documents et preuves à l'appui. De ces éléments qui devraient avoir l'absolue priorité en matière d'information, que celle-ci soit judiciaire ou journalistique.

On s'étonnera donc aussi que cette pièce favorable n'ait été intégrée que tardivement au dossier et n'ait pu être publiée par la presse, l'hebdomadaire *Match* notamment, que le 18 février, soit seize jours après le déchaînement du *Canard*. Manifestement, on n'a pas mis le même empressement à instruire, médiatiquement au moins, à décharge qu'à charge.

Le traitement journalistique de cette affaire pose d'autres questions. Dont celle-ci: pourquoi, dans la dénonciation de pratiques sulfureuses, avoir joué si petit bras?

Car le scandale véritable que recèle la découverte du juge Jean-Pierre dans l'historique bancaire de Roger-Patrice Pelat, c'est bien le nombre des bénéficiaires de ses largesses. Encore une fois, quelque cinq cents chèques de plus de vingt mille francs, dont certains de deux millions, ont été dénombrés. Cela signifie qu'on se trouve devant un maillage, un réseau, un système global de corruption généralisée. C'est sur cette dimension de système que le lecteur-citoyen méritait d'être informé dans le détail.

À qui sont allées ces sommes? En échange de quels services, de quelles docilités, de quelle servilité? Ont-elles fait l'objet de prêts enregistrés chez le notaire, de reconnaissances de dettes officielles, de déclarations fiscales? On n'en dira rien, ou presque rien. Pourquoi?

L'information vraie, honnête, était dans le foisonnement corrupteur, pas dans la focalisation acharnée sur une victime désignée.

Mais cette focalisation a eu au moins un effet majeur, qui, pour certains, à l'évidence, la justifie: en gommant l'effet de masse et de système, elle fige la montée de la suspicion au Premier ministre en exercice. On n'ira pas plus loin ni, surtout, plus haut. On n'aura pas à se poser la question toute simple de savoir à qui profite, *in fine*, un tel système. On se contente donc de cacher ce système que l'on ne saurait voir.

Faute du courage, de l'audace, du talent de traiter le maître sujet qui s'impose : «Dieu, sa vie, son œuvre, ses réseaux, ses arrangements, ses bonnes œuvres», on ne verra et on ne voudra voir que Pierre Bérégovoy. On n'atteindra et ne voudra atteindre que le petit homme de Nevers, l'homme du rivage, l'exclu de la nomenklatura, le fils d'officier qui a appris à la modeste table familiale à se tenir droit et y a entendu, trop entendu comme tous les fils d'officier, les mots de devoir et de sacrifice.

Ainsi, puisque lui, et lui seul, a démérité, l'échec inéluctable de la gauche, dans quarante jours, ce sera son fait. À lui. À lui seul.

Au fond, en le portant à Matignon le 2 avril 1992, on n'en attendait pas moins de lui. L'essentiel n'est-il pas que la responsabilité des échecs et l'opprobre sourd qui monte du peuple à l'encontre de la bourgeoisie rose ne franchissent pas les grilles de l'Élysée?

Le 2 février, en début de matinée, Bérégovoy est informé téléphoniquement de la teneur du premier article du *Canard enchaîné* par l'un des deux auteurs de cet article qui, nous le savons, sera diffusé dans les sphères autorisées dès l'après-midi. Autrement dit, on ne laisse absolument pas le temps à l'intéressé de construire une défense, de concevoir une argumentation solide et étayée.

À la mi-journée, à Matignon, il rencontre son ami Gérard Carreyrou, alors directeur de l'information de TF1. Celui-ci propose au Premier ministre de monter au créneau le soir même dans le journal de 20 heures de Patrick Poivre d'Arvor pour s'expliquer et, autant que faire se peut, désamorcer le pétard. Carreyrou est un homme de l'art. Il sait, qu'en ces matières, rien n'est pire que de ne pas occuper sa partie de terrain. Ce n'est pas la justice qui se met en branle, mais seulement une certaine presse. Y répondre, contre-attaquer dès la première salve n'équivaut donc pas à s'élever contre une institution, mais à hausser le ton pour faire taire les chiens.

Carreyrou rapporte dans une interview accordée à M6 que, au même moment, arrive un coup de fil de l'Élysée. «J'ai Mitterrand en ligne», confie Bérégovoy avant de s'isoler pour prendre la communication. Lorsqu'il raccroche, sa décision est prise. Contre l'avis de son ami journaliste, il suivra le conseil venu d'en haut. Ne pas bouger. Rester indifférent. Ne pas paraître donner à ces choses plus d'importance qu'elles n'en ont.

Cela conviendrait probablement à un esprit confit en machiavélisme, rompu aux coups de canif dans le contrat d'honneur passé avec l'opinion. Mais rien n'est plus opposé à la psychologie d'un Bérégovoy, à ce fils d'officier encore soucieux, malgré les aléas de la vie politique, malgré l'exercice du pouvoir, de son honneur, de l'idée que se font de lui ses mandants. Sur ce plan aussi, les deux hommes, celui de l'Élysée, celui de Matignon, sont aux antipodes.

Le conseil de faire le dos rond n'est donc pas le bon. Du moins pour ce personnage-là, dans ce moment-là.

Un peu plus tard, nous verrons une scène de comédie se dérouler, les fils de Pelat venant expliquer sans rire que le remboursement du prêt a été partiellement effectué au moyen de livres anciens, meubles, bibelots, etc. Il ne manque que le raton laveur. La France entière croule de rire. Alors qu'il suffisait de s'en tenir à ce qui avait été arrêté par écrit quant à la date limite du remboursement total, soit le 31 décembre 1995, on s'embourbe dans un mensonge de potache dans lequel Pierre Bérégovoy va se trouver imparablement piégé, cette version intenable lui étant publiquement imposée.

Sans doute est-ce une coïncidence mais on ne peut s'empêcher de noter que l'avocat qui conseille les fils Pelat est le mari d'une fidèle de l'Élysée, liée étroitement à la sphère de la magistrature, une personnalité de grande connivence avec le président de la République.

On se souvient aussi que l'idée de brandir la liste nominative de prétendus corrompus de droite à la tribune de l'Assemblée nationale a été soufflée au nouveau Premier ministre par un proche du pouvoir suprême.

Cela précisé seulement pour souligner que les attitudes et les réactions ayant été inspirées, ou ayant pu l'être, depuis l'Élysée n'ont guère été profitables au petit homme de Nevers.

Des esprits tortueux voudront y voir la manifestation d'une malveillance sournoise, savamment conduite. Il ne s'agit probablement pas de cela, mais plus banalement, encore une fois, de l'incompatibilité des recettes de l'un pour remédier aux problèmes de l'autre.

Mitterrand aurait parfaitement su exploiter l'idée de la liste dénonciatrice, se contentant d'allusions perfides et s'abstenant surtout de brandir le moindre feuillet. Pareillement, n'opposant qu'un silence de sphinx aux attaques du *Canard*, il aurait su faire dire à ce silence tant de choses qu'on aurait bientôt fini par regarder ces révélations comme un complot de plus ourdi contre lui. Quant au remboursement au moyen de livres rares, outre que cela n'eût pas surpris de la part de ce bibliophile averti, il aurait eu assez beau jeu de rétorquer qu'il avait procédé ainsi pour l'excellente raison qu'il avait toujours accordé plus de prix aux œuvres de l'esprit qu'à l'argent. Et on l'aurait cru.

Ce sont là les facettes d'un rôle que l'hôte de Matignon ne peut absolument pas tenir.

Ce 2 février, au premier jour de la tempête, il lui a manqué l'audace d'être lui-même. Nous touchons là un aspect essentiel de la vulnérabilité de Pierre Bérégovoy dans cette affaire. Depuis deux décennies, il se meut dans une relation de fascination, de quasi-aliénation par rapport à la personne du chef de l'État. D'ailleurs, au fil des ans, cela s'accompagne d'une espèce de mimétisme et l'on verra, à Nevers, Bérégovoy se travestir parfois en un Mitterrand délocalisé. Il se fait impénétrable, volontiers cassant, ne permet à personne d'oublier un seul instant qui il est et, contagion des sphères où il évolue, il se laisse gagner par un certain goût du paraître et du luxe. Il se crée ainsi une posture et un décor de vie qui ne sont pas les siens mais qui correspondent assez bien, semble-t-il, aux aspirations nouvelles d'une partie de son entourage.

Cette référence constante à l'autre, qui confine à la dépendance, le paralyse. Il ne parvient pas à s'en affranchir, à décider et agir uniquement par lui et pour lui. Or, en cette circonstance, c'est pour lui-même, pour sa survie politique, sociale – et davantage encore, hélas ! – qu'il doit agir, réagir, s'instrumentaliser.

Disant cela, une intuition forte nous fait entrevoir que si les coups avaient été portés contre Mitterrand lui-même, ce que le juge Jean-Pierre espérait sans doute en épluchant l'inventaire Pelat, Bérégovoy aurait été infiniment plus fort, mieux assuré dans ses bottes pour faire front en lieu et place du Commandeur...

Mais tel est le destin du bon soldat, du docile fils d'officier, qui ne sait bien se battre que pour le drapeau, pour la cause, pour le chef, et s'en prend plein la figure à la moindre rixe de bistrot...

4

L'embellie de Nevers

Pour faire bonne mesure, c'est sur le dos de Pierre Bérégovoy que l'on s'est défaussé du mistigri de la direction de campagne pour le Waterloo électoral auquel chacun s'attend. Mission impossible, donc, nous l'avons vu. Néanmoins, il importe, là encore, que la responsabilité de l'échec, les éclaboussures du désastre ne remontent pas plus haut. Car, plus haut, ce serait évidemment trop haut. À ce moment-là, le lot de consolation dont Mitterrand se glorifie – il n'en fait pas mystère – est de se trouver en position de faire mieux que de Gaulle : durer deux septennats complets, ne pas avoir eu à connaître de Mai 1968 et, selon sa propre expression, ne pas avoir été «chassé par la rue». Pour que ce dernier point soit acquis, il vaut mieux que lui soient épargnés, cette fois encore, les griefs de la déconfiture. Pour ce qui est d'encaisser les coups, le fidèle, le docile, le béat petit homme de Nevers fera fort bien l'affaire.

Cependant, il est une réalité sur laquelle les enquêteurs et commentateurs attristés de la fin de Pierre Bérégovoy ne s'arrêtent pas assez: le Premier ministre déchu, le politique traîné dans la boue par la presse de son propre camp, le petit homme à qui tout le monde tourne le dos est, contre vents et marées, réélu député de la première circonscription de la Nièvre le 28 mars 1993. Au premier tour, il précède son principal adversaire d'une poignée de voix, une petite vingtaine. Au second, il l'emporte.

Cela n'est pas un détail. C'est un fait politique qui doit être appréhendé, analysé en tant que tel. Lors de ce scrutin, fort peu nombreux sont les sortants socialistes qui ont sauvé leur peau. On s'en fera une idée actualisée lorsqu'on saura qu'ils sont encore moins nombreux qu'à l'issue de la consultation législative du printemps 2002! Est-ce assez dire?

Pourtant l'hécatombe épargne celui dont on a cherché à faire le Gamelin de cette déroute. Afin de minimiser la chose, on a dit et répété que la circonscription était un fief acquis d'avance. Voire. Bérégovoy n'est maire de Nevers que depuis septembre 1983 et député que depuis mars 1986. Les féodalités, pour se constituer en citadelles imprenables, requièrent une plus longue pratique. Cela dit, bien d'autres «fiefs» historiques, et de plus sûrs, tombent, alors même que leurs barons n'ont pas eu à subir de comparables attaques. En outre, ce serait faire injure aux adversaires électoraux de Pierre Bérégovoy, au premier rang desquels le RPR Daniel Rostein, de considérer que, on ne sait par quel prodige de mansuétude, ils se seraient abstenus de faire campagne. Ce n'est pas parce que cette confrontation électorale a été moins basse, moins fangeuse qu'on aurait pu le redouter, qu'elle a été molle, facile, inexistante. Ce fut, là aussi, un combat. Et Pierre Bérégovoy en est sorti vainqueur. Contre toute attente.

Évidemment, à présenter cette victoire comme ayant été sans péril vrai, on ne vise qu'à confisquer sa gloire au vainqueur. Cela dans une double optique: tout d'abord pour tenter de montrer qu'il n'avait aucune satisfaction personnelle véritable à en tirer, et plus perfidement encore, pour nier que l'homme fût, à ce moment-là, malgré les attaques acharnées, toujours capable de pugnacité.

Ces deux points revêtiront une importance considérable dans les discours tendant à présenter comme inéluctable la sortie par suicide.

L'explication majeure présentée pour ce geste désespéré est la dépression profonde dont aurait souffert Pierre Bérégovoy. Alors, dans cette perspective, on n'a nul intérêt à envisager qu'il y ait eu une belle et rude lutte, car bien évidemment on n'ignore pas qu'un dépressif profond est incapable de mener une campagne dynamique. Il y faut, entre autres vertus, une confiance en soi que le dépressif profond est précisément dans l'impossibilité d'activer.

De même, on n'a nul intérêt à s'arrêter sur la légitime satisfaction que le candidat victorieux peut éprouver. Car cela reviendrait à reconnaître que brille tout de même une assez jolie lumière au sortir du tunnel qu'il vient d'affronter.

La réélection de Pierre Bérégovoy administre la preuve incontestable que son image, sa réputation, son crédit ne sont pas aussi ruinés chez lui, dans la Nièvre, qu'on se plaît à les imaginer dans les rédactions et les officines politiques de la capitale. Il y a là un fossé qui ne peut être saisi, compris depuis Paris. De même que ne peut être pressentie de là-bas la fierté roborative, revitalisante du rescapé des urnes. Il est de nouveau roi de Nevers. De Nevers seulement, certes. Mais roi tout de même.

Ainsi, devant lui, l'horizon n'est pas si bouché que cela. Et les raisons d'espérer sont moins fantomatiques qu'on ne le dit.

Mieux encore, certains rêves peuvent être caressés, assez semblables à ceux de son voisin de jadis, «le roi de Bourges». La gauche est à reconstruire. Lui n'a pas coulé avec le navire, ni électoralement ni judiciairement. Pourquoi ne se verrait-il pas en bâtisseur des temps nouveaux, lui à qui ceux qui ne l'aiment pas bien prêtaient, récemment encore et très ironiquement, des ambitions élyséennes? Cela n'est qu'hypothèse, certes, mais qui nous éloigne beaucoup du cauchemar mortel, de l'obsession suicidaire.

Et puis, peut-on exclure que de petites joies bien mesquines soient venues égayer les pensées de notre homme? Nombre de ses ennemis intimes, de ses compagnons de parti qui l'ont abandonné ou desservi dans la tourmente, sont aujourd'hui au tapis, renvoyés à leurs chères études par le corps électoral. Ce sont là des contentements dont on ne fait guère état mais qui ne sont pas rien dans les convalescences de l'âme.

En février, dans *Le Canard enchaîné*, un dessin impitoyable et facile de Cabu représentait un Bérégovoy anéanti qui, coiffé d'une casquette Gaz de France, lançait à son épouse: «Gilberte, fais les bagages, cette fois j'y retourne!» Un mois plus tard, c'est à l'Assemblée nationale que le petit homme de Nevers retourne. Aucun dessin ne l'y accompagne. Mais comment, alors qu'il reprend ce chemin, sa mémoire ne lui aurait-elle pas offert un flash-back sur cette caricature cinglante? Petite satisfaction revancharde, intime, secrète et tellement humaine!

Bien entendu, ceux qui le veulent meurtri à jamais insinuent qu'il porte la croix de l'échec électoral de la gauche en général, de celui de son frère en particulier, candidat en Seine-Maritime. Ils rapportent que le voilà pris d'un vertige existentiel indicible devant un emploi du temps soudain allégé, qu'il culpabilise à mort face à l'ampleur du désastre, qu'il en perd le boire et le manger et que, s'il a les intestins quelque peu en malice, il ne faut pas en chercher la cause ailleurs.

Mais il se pourrait bien que la réalité soit un peu moins romanesque et sombre, et que, prenant exemple sur Mitterrand qui, une nouvelle fois, cohabite vaille que vaille avec cette droite qui ne lui est pas si étrangère que cela, il cohabite lui-même, dans une tranquille harmonie, avec sa victoire de clocher et la confiance du peuple de gauche qu'il est en droit d'y décrypter.

Le ciel, au-dessus de lui, n'est pas lumineux, certes, mais il s'éclaircit. En date du 23 février, un articulet informe les lecteurs du *Monde* que le dossier, finalement mort-né, du prêt Pelat est classé pour la justice et que, en conséquence, il l'est aussi pour la presse. Le harcèlement médatico-juridique prend donc fin à cette date. Soit deux mois et huit jours avant la mort de l'ancien Premier ministre.

Cette réalité de calendrier n'empêchera pourtant pas Mitterrand, deux années plus tard, d'écrire dans le message qu'il fait lire à l'ouverture du colloque Pierre Bérégovoy de Nevers, le 30 avril 1995 : «Il y a deux ans, Pierre Bérégovoy décidait de nous quitter, victime d'une campagne haineuse, de calomnies et de bassesses.» Or, nous venons de le voir, à la date fatidique, cette campagne a cessé. Il n'en demeure peut-être qu'un vague ciel de traîne, et, en tout état de cause, le baume de la réélection, de la reconnaissance populaire, est passé par là.

En outre, pourquoi tellement insister deux ans après sur la notion de suicide? Pourquoi ne pas s'en tenir à une formule apaisée, distanciée? Pourquoi ne pas laisser le défunt reposer en paix, là où toutes choses sont égales, la mort voulue et la mort subie? Pourquoi ce «Pierre Bérégovoy décidait de nous quitter»? Pourquoi ne pas préférer la décence, la sobriété d'un «Voilà deux ans, Pierre Bérégovoy nous quittait»? Est-ce une vérité officielle qu'on tient ainsi à marteler, une fois encore?

Nonobstant, il nous est expliqué que tout risque d'aller de mal en pis pour le petit homme de Nevers, puisque, bientôt, le 2 juin de la même année, va s'ouvrir le procès Pechiney, que l'on pourrait aussi appeler le procès Pelat si le principal inculpé était encore de ce monde. Le procès de l'or rose et du fric facile, de l'argent «qui tue, qui corrompt jusqu'à la conscience des hommes», pour reprendre les termes exacts d'un vieux et récurrent discours de Mitterrand. Un discours d'avant l'exercice du pouvoir, bien sûr.

Ainsi donc se profile le procès Pechiney. Un procès avec ses tiroirs et ses placards, ses délits d'initiés et ses initiés indélicats. Le nom de l'ancien Premier ministre ne sera-t-il pas sur toutes les lèvres. Et alors? Que craint-on donc pour lui? Que redoute-t-on pour cet élu qui n'est seulement pas mis en examen dans cette affaire? Qu'il soit appelé à témoigner? Dans cette hypothèse, pourquoi cela serait-il plus périlleux, plus dommageable pour lui-même que pour ceux dont, éventuellement, il pourrait alors parler, ceux qu'il serait à même, sans avoir à sortir de liste de sa poche cette fois, de nommer pour de bon, et dont il pourrait décrire les pratiques qu'il connaît mieux que quiconque pour les avoir si bien servies?

S'il y a grands périls à l'approche du procès Pechiney, ce n'est certes pas au-dessus de la tête du député-maire de Nevers qu'ils s'accumulent le plus dangereusement! Cela ne fait aucun doute. Bérégovoy le sait fort bien.

Et d'autres aussi le savent parfaitement.

5

Petits verres entre amis

L'homme qui, le vendredi 30 avril 1993, à 8 h 55 du matin, pose le pied sur le quai A de la gare de Nevers, est le député-maire de cette ville.

Il voyage seul.

Car on le laisse voyager seul, lui, le dépressif profond, l'ex-cheminot pour qui l'acte de se jeter d'un train auréolerait le désespoir d'une symbolique corporatiste du meilleur effet.

Mais prévisible.

Il voyage seul. Son épouse n'arrivera de Paris que le soir, vers 20 heures. Son garde du corps l'accueille sur le quai. Le chauffeur les attend devant la gare au volant de la R 25 Baccara de la mairie. Voiture de fonction, chauffeur, officier de sécurité, ce sont les réconfortants attributs d'un pouvoir qu'on n'a pas totalement perdu. Le député-maire apporte avec lui le volumineux dossier des affaires locales en cours. Comme à son habitude, il y a travaillé dans le train. Il est d'une méticulosité quasi obsessionnelle dans le traitement du moindre dossier. Il l'est tout autant quant à l'organisation de son travail, de son emploi du temps, de ses rendez-vous. Peut-être parce qu'il redoute d'hypothétiques insuffisances d'autodidacte il tient à border au plus près tout ce qu'il touche. C'est une espèce de maniaque peu sûr de lui mais confiant dans sa puissance de travail, son sens de la synthèse et le sérieux de sa réflexion.

Lorsque, dans les jours qui suivent, il s'agira de démontrer a posteriori combien le suicide était inéluctable et prévisible, de méritoires interprétations de ses moindres faits et gestes seront avancées, visant toutes, bien entendu, à accréditer la thèse officielle. La liste en est longue. Tout le monde ou presque, remontant parfois des semaines en arrière, se rappelle ce geste de la main un rien flottant, ce sourire un peu las, cette morosité de ton en fin de souper, cette lassitude de queue de campagne, ces propos désabusés qui étaient autant d'adieux hélas incompris alors, mais tellement limpides aujourd'hui.

Ainsi, les dossiers que notre député-maire apporte avec lui, auxquels il travaille dans le train sont bien entendu un indice supplémentaire et éclatant qu'il a bel et bien décidé d'en finir. Sinon, pourquoi voudrait-il les faire avancer, les boucler ces maudits dossiers? On se le demande... Pour faire son boulot d'élu, comme depuis si longtemps et pour longtemps encore? Allons donc! Explication trop simple, et donc nulle!

Un proche par alliance ira préciser que le désespéré, que son entourage intime laisse tout de même voyager seul par le train, avait arrêté son geste quinze jours – quinze jours précisément – après sa mise en cause dans les journaux pour le prêt Pelat!

Mais il est vrai qu'on n'a rien à redouter côté chemin de fer, puisqu'un familier du président de la République, celui-là même qui a conseillé le stratagème merveilleux de la liste brandie à l'Assemblée nationale, aurait dit au Président soi-même, le mercredi ou le jeudi précédant la mort (le jour varie selon les témoignages): «Si Pierre trouve une arme, il mettra fin à ses jours.»

On le constate, il ne manque à la prédiction que la marque de l'arme, son calibre et son numéro de série pour être parfaite. On admirera, comme il convient, la clairvoyance de ce grand serviteur du Président qui, entre cent moyens de s'expédier *ad patres,* sait prédire le bon !

Comme toujours en matière de suicide, ceux qui n'ont rien vu venir n'auront de cesse de prétendre avoir décelé maints signes avant-coureurs. C'est ainsi qu'on se rassure, qu'on apprivoise ou croit apprivoiser le monstre des monstres, la mort voulue. C'est ainsi qu'on se protège de la culpabilité, du péché d'inadvertance, de désinvolture, qu'on évacue le déficit d'attention. Puisqu'on a remarqué tous ces signes annonciateurs, on ne peut être soupçonné d'indifférence à l'encontre de celui qui a claqué la porte. Seul le vertige du dernier instant n'a pu être saisi.

Mais comment aurait-il pu l'être ? Il ne l'est jamais.

Dans les récits et témoignages qui viendront par la suite, on assiste à un glissement de l'argumentation explicative. Dans un premier temps, on avance que la campagne autour du prêt Pelat est cause de tout. Dans un second temps, on privilégie les critiques que l'opposition devenue majorité formule sur le bilan de la législature socialiste. La critique porte sur les cinq années de gouvernements socialistes, pas seulement, bien entendu, sur les onze derniers mois. C'est la règle du jeu. Sur ce bilan, Bérégovoy n'est pas plus attaqué que ses prédécesseurs à Matignon pour la période concernée, Rocard et Cresson. Surtout, une fois encore, c'est évidemment l'Élysée, inspirateur des diverses politiques de gauche depuis à présent douze années, qui est prioritairement stigmatisé.

Bérégovoy, qui, en politique, est tout sauf un perdreau de l'année, connaît cette musique-là. En son temps, lorsque les rôles étaient inversés, il a même su en donner la cadence. Avec une alacrité non feinte, d'ailleurs…

En outre, il est à noter que, dans ces critiques de bonne guerre, une exception est faite pour la politique du franc fort qui a toujours été sa référence, son cheval de bataille, sa fierté. De hautes personnalités de droite et de gauche, au jugement desquelles on sait le self-made-man particulièrement sensible, s'accordent à lui reconnaître ce mérite. Cela est médiatisé de manière certes moins tapageuse que l'ironie facile des tâcherons de la dérision du *Bébête Show* ou des *Guignols* au sujet du prêt, mais il n'est pas douteux que l'intéressé savoure, sous cape, une légitime satisfaction dans cette reconnaissance.

D'autres proches mentionneront des marques de lassitude, parfois de désintérêt dans certaines conversations. Fatigué, Bérégovoy peut l'être. Il a beaucoup donné, beaucoup subi, et l'on n'a jamais vu un homme politique sortir d'une double campagne électorale, locale pour lui-même et nationale pour son parti, en parfait état de fraîcheur. Cela précisé, on aura garde de négliger le fait que Bérégovoy n'est pas d'ordinaire, même quand tout va bien, le type parfait du boute-en-train. Au naturel, il est plutôt tristounet. Tout au long de ces années, ne lui a-t-on pas reproché, tacitement ou ouvertement, de ne pas être très drôle, de ne pas savoir se glisser dans la peau de ce qu'on appelle un joyeux compagnon? Nous savons bien que cet aspect de son caractère est une part de l'explication de son insuccès dans les premiers cercles mitterran-

diens où, si considéré qu'on soit, on n'est finalement qu'un bouffon du roi parmi d'autres bouf-
fons de luxe.

Par ailleurs, il existe une raison physiologi-
que à cette méforme. Au-delà de la fatigue
imputable aux combats médiatiques et politiques, Bérégovoy souffre à ce moment-là de problèmes intestinaux pour lesquels, d'ailleurs, il
consulte, au Val-de-Grâce, le jeudi 29 avril.

Alors les exégètes s'en donnent à cœur joie:
la courante bérégovoyenne est le signe évident
que le mal court. Ce vice de fonctionnement tra-
hit de manière indiscutable le dérèglement
général de la machine. La colique est bientôt
haussée à la dignité de suprême mal de l'âme.
On veut y voir la traduction somatique indiscutable du désespoir suicidaire… Sauf que, au Val-
de-Grâce où l'on ausculte le patient, on n'envi-
sage pas d'expliquer les turbulences intestinales
par une dépression radicale et mortifère. Pis, il
semble bien qu'on ne détecte rien alors du mal
profond et en phase terminale dont l'ausculté
est censé souffrir.

Le lendemain, 30 avril, à Nevers, c'est également en milieu médical que Pierre Bérégovoy
passe la matinée. D'importants aménagements

sont en cours, et d'autres en projet, au centre hospitalier. Pas plus qu'au Val-de-Grâce, la veille, ce milieu médical ne constatera les atteintes du mal supposé.

Alors, nous sommes invités à croire que le petit homme sait particulièrement bien masquer la réalité, la gravité de son délabrement moral et psychologique. Mais débattre plusieurs heures d'aspects techniques, de dispositions pointues, de décisions complexes avec des spécialistes, des hommes de l'art nécessite bien davantage d'énergie active que celle requise pour la dissimulation dans laquelle le dépressif profond peut, un temps, un temps seulement, faire illusion.

«Masquer» à ce degré est une performance que l'on pourrait comparer à celle du cul-de-jatte qui parviendrait à marcher pour donner le change. Ou peu s'en faut.

L'expression la plus courante de la dissimulation du mal chez le dépressif profond est la dérobade. Reporter *sine die* les confrontations avec le réel, annuler les rendez-vous vécus comme autant d'épreuves, se soustraire au regard de l'autre, ne subir que furtivement son examen. Réduire au strict minimum le cercle des rencontres, la vie sociale, les échanges professionnels ou autres. La stratégie du dépressif profond est une stratégie d'isolement et d'enfermement. Plus le mal est grave, plus il atteint des sommets dans cet art de l'esquive, de la fuite permanente. Parce que toute confiance en lui est ruinée, il est au-delà de ses forces d'affronter longuement la souffrance de soi confronté à autrui.

Bérégovoy manifeste tout le contraire de ces attitudes de fuite.

La colique du 29, officialisée par le Val-de-Grâce, s'il vous plaît! n'est nullement pour lui l'alibi commode dont il pourrait arguer afin d'annuler son déplacement du lendemain à Nevers, ou sa longue réunion de travail à l'hôpital et toutes les obligations d'élu auxquelles, au contraire, il va se soumettre en respectant strictement le programme prévu.

Cette indisposition pourrait être l'excuse toute trouvée, et encore une fois authentifiée par la faculté, pour se soustraire aux dîners et déjeuners familiaux, aux vins d'honneur, aux pots amicaux, aux remises du bouquet au vainqueur, aux estrades et aux allocutions de circonstance. Il n'en est rien. Le petit homme de Nevers assure son programme et tient son rôle.

Il le tient même, diront les témoins, de bonne grâce et avec bonne humeur. Naturellement, ce sont là les signes patents d'une désespérance incurable.

À l'hôpital, le directeur note qu'il a trouvé le député-maire «concentré» sur son sujet, qu'il a devisé de manière détendue avec médecins, chirurgiens et infirmières. Cela implique qu'il n'a pas redouté leur œil exercé, capable de déceler en lui l'implacable cheminement de la mort décidée.

En outre, le personnel hospitalier est alors témoin de la vitalité réactive de l'intéressé. Un jeune patient l'aborde pour lui reprocher de ne pas être intervenu comme promis dans une pénible affaire d'abus par ascendant. Bérégovoy tance alors vertement le proche collaborateur qu'il a chargé du dossier. Il le fait avec une vigueur et une sincérité qui ne sont pas celles d'un homme abattu, revenu de tout.

Après cette visite de travail, le député-maire rentre chez lui, 15, rue Saint-Martin, où il déjeune seul. Le grand désespéré se fait sa petite tambouille et ne se suicide pas au gaz. Dans l'après-midi, il s'ennuie assez ferme à une réunion d'ordre agricole. Cet ennui non dissimulé sera bien évidemment interprété comme la manifestation du désarroi existentiel qui le mine. Mais, à l'issue de ce pensum, le député-maire prend l'initiative d'aller boire un verre dans un café des bords de Loire en compagnie de son directeur de cabinet et suppléant, de deux sénateurs socialistes du cru et du président du conseil général. C'est à la terrasse du Gai Rivage que l'homme du rivage s'installe avec ses amis. Il boit plusieurs demis, converse avec entrain, ébauche maints projets, plaisante même, et trouve tout cela tellement agréable qu'il confie à son directeur de cabinet: «Nous devrions faire cela plus souvent.» «Faire cela plus souvent», une projection dans l'avenir à travers laquelle, naturellement, on ne voudra voir après coup qu'une ruse de plus.

Le soir, après avoir inauguré une exposition de peinture, Pierre Bérégovoy dîne au restaurant avec son épouse, arrivée de Paris en fin de journée, l'une de ses filles, son gendre et une amie de longue date. L'hôte évoque ses projets hospitaliers. Il se montre disert, descriptif, entreprenant, au cours de ce dîner. Tout le contraire d'un homme anéanti, absent, miné de l'intérieur, vaincu, noyé dans le cloaque sans lueur et sans issue de la dépression.

Bref, tout comme ce fut le cas l'après-midi à la terrasse ensoleillée du Gai Rivage, il se comporte normalement, mange normalement, parle normalement, répond normalement aux uns et aux autres. Normal, trop normal! interpréteront les grands clercs. Cela cache nécessairement quelque chose...

La nuit est une nuit comme les autres nuits. On n'y dénote aucun désordre particulier, ce qui, probablement, est là aussi un signe qui ne trompe pas. Pas d'insomnie invincible, pas d'errance douloureuse dans le petit appartement de la rue Saint-Martin, pas de réveil brusque dans la sueur glacée de l'angoisse. Normal, trop normal...

Le matin, le jour se lève. Et c'est beau, ajoutait Coluche.

Ce matin-là est celui du 1er mai 1993. Et ce ne sera pas beau...

6

La symbolique du 1er mai

Dans le sujet que M6 a consacré à la mort de Pierre Bérégovoy et à ses zones d'ombre, un journaliste rapporte que le disparu a pris un jour, à Matignon, devant lui, une feuille de papier à en-tête «Premier ministre» pour établir la liste des moments forts de sa vie survenus un 1er mai ou dans le courant de ce mois.

«Cela va vous amuser», prévint-il.

C'est le 1er mai que le jeune Bérégovoy entre, en 1942, sur concours, à la SNCF. Le 1er mai 1950, il rejoint Gaz de France qui le mute à Paris le 1er mai 1957 et le promeut chargé de mission le 1er mai 1972. Il met fin à sa carrière à GDF le 1er mai 1978.

On n'ignore pas que le 10 mai 1981 représente pour lui aussi une date clé, d'autant que, le

21 du même mois, il est nommé secrétaire général de l'Élysée. En 1988, le 15 mai et de nouveau en 1991, le 16, il se verra reconduit dans ses fonctions de ministre des Finances.

Cette liste commémorative a pour office de montrer que mai est le mois fatidique, le mois du destin pour Bérégovoy et que, s'il a décidé de se donner la mort, il est dans la droite ligne de son *fatum* que cela soit exécuté un 1er mai.

À cela s'ajoutent bien sûr les références ouvrières et syndicales de la fête du Travail ainsi que le romantisme prolétarien du *Temps des cerises*.

Seulement, au risque de froisser quelque peu ce romantisme des rendez-vous de la destinée écrits de toute éternité dans le ciel de notre homme, il convient de relever quelques points de détail.

C'est sur concours que le jeune homme est admis à la SNCF. On peut donc penser qu'il n'est pas le seul à avoir réussi ledit concours et donc à s'être vu officiellement intégré ce 1er mai. De même, une certaine culture des entreprises aux traditions fortement ancrées dans la mouvance ouvrière incitait alors les grandes nationalisées à associer la notion de nomination et de promotion à de telles dates. Enfin, que des nominations ou promotions deviennent effectives le 1er du mois est une évidence de simple bon sens. Il semblerait donc que la symbolique en question soit davantage corporatiste et collective que spécifiquement liée à la trajectoire individuelle de l'intéressé.

Toutefois, si l'on tient à ce genre de référence, qu'on prenne au moins le soin d'observer celle qui, liée à un 1er mai, porte effectivement la marque d'un engagement autonome, personnel de l'homme.

Ce 1er mai qui appartient tout entier à Pierre Bérégovoy, et à lui seul, authentiquement, est le 1er mai 1942. Ce jour où, nous l'avons vu, il est déclaré reçu au concours d'entrée à la SNCF, il rencontre le militant communiste Roland Leroy et fait le choix de s'engager dans la Résistance en rejoignant le réseau «Résistance Fer».

Ce fait, pourtant capital, est étrangement passé sous silence dans l'inventaire de dates livré par le journaliste interrogé par M6.

La raison en est assez simple. La décision plus que personnelle, intime et nécessairement secrète d'entrer dans la Résistance, prise alors qu'on n'a que dix-sept ans, ne peut être que la référence symbolique majeure, supérieure à toutes les autres pour Pierre Bérégovoy en matière de 1er mai. Et cette décision, cet acte de refus ne cadrent pas bien avec la thèse préétablie de l'abandon de la lutte débouchant inéluctablement sur le suicide.

Entrer en Résistance. C'est-à-dire tout le contraire de se coucher devant l'adversité. Tout le contraire d'abdiquer devant un ennemi ô combien plus effrayant qu'une opposition parlementaire et son audit de convenance, autrement plus menaçant que les mis en examen de l'affaire Pechiney et les persifleurs patentés de la télévision.

Comment se pourrait-il que, ce 1er mai 1993, Pierre Bérégovoy n'ait pas eu, comme probablement tous les autres 1er mai de son existence, présent à l'esprit et au cœur cet élan magnifique, cette preuve indiscutable qu'il sait être un homme de courage ? Et de combats. Dès lors, la symbolique du 1er mai se trouve inversée. Elle s'inscrit dans le sursaut, non dans la désertion.

Ou alors, il faut admettre que Pierre Bérégovoy aura délibérément tourné le dos au jeune homme qu'il a été pour, ce 1er mai, aller sur le bord du canal se tirer une balle dans la tête. Oui, délibérément, puisque la thèse retenue veut que l'acte fatal ait été programmé de longtemps pour ce jour-là. Et pas un autre !

Cependant, on n'aura garde d'écarter la possibilité que, par fidélité à ce jeune homme, en référence au refus de jadis, il ait arrêté, exprès ce 1er mai, la décision de faire front, de reprendre la lutte, de rendre coup pour coup, de se libérer tout à la fois de ce qu'il a sur le cœur et de ce qu'il serre dans ses dossiers. Bref, de lâcher, à son tour, les chiens...

S'il a adopté une telle position, il n'est pas exclu qu'il ait tenu à le faire savoir, à brandir sa résolution, peut-être toute nouvelle, comme un étendard. Au risque de s'exposer, bien entendu. En effet, laissant entendre, peut-être, qu'il avait des choses à dire et qu'il s'apprêtait à parler, il commettait l'imprudence de défier ceux pour qui son silence était d'or.

7

Muguet et autres attentions

Pierre Bérégovoy a pour habitude de préparer le petit déjeuner de son épouse. Déjà rare chez la gent masculine, cette prévenance doit être plutôt exceptionnelle de la part d'un ancien Premier ministre. Ou d'un Premier ministre en exercice, car ce rite n'a pas été abandonné lors de la parenthèse Matignon.

Le couple a derrière lui quelque quarante-cinq années de vie commune. On le dit uni. Il mène une vie conjugale et familiale ordinaire. Le mari n'omet jamais d'appeler sa femme chaque jour au téléphone lorsqu'il s'en trouve éloigné. Très organisé et très méthodique en cela aussi, il ne rate jamais une date anniversaire de naissance ou de mariage.

Le 1er mai 1993, il achète le muguet rituel à une fleuriste de Nevers. Il est environ 12h45. Il sort de la traditionnelle cérémonie de la fête du Travail à la mairie. Il n'y a pas montré un entrain débordant. Certains syndicats ont brillé par leur absence, ce qui l'a peut-être contrarié un moment. Depuis les chahuts orchestrés par quelques centrales dans les meetings d'Orléans et d'ailleurs lors de la campagne électorale de mars, les relations demeurent crispées, il est vrai.

En compagnie de sa femme, muni de son petit muguet, il s'apprête à aller déjeuner chez sa sœur Jeanine et son beau-frère qui vivent à quelques kilomètres de là, à Pougues-les-Eaux. Eux aussi viennent de Rouen. Ils sont devenus ligériens dans le sillage de l'élu.

Pierre Bérégovoy est détendu. Il le manifeste en retenant à déjeuner son chauffeur et son officier de sécurité. Cette attention n'est pas surprenante de sa part. Elle le serait s'il allait psychologiquement aussi mal qu'on l'assurera quelques heures plus tard. Se soumettre à un déjeuner familial, y adjoindre de son propre chef des convives extérieurs, s'astreindre non seulement à suivre, mais à initier et nourrir des conversations de table, n'est pas le réflexe comportemental typique d'un dépressif gravement atteint.

On prend son temps pour l'apéritif. Pierre Bérégovoy opte pour le whisky. Le déjeuner est agréable, empreint de cette simplicité de bon ton qui est la marque des dimanches de province, même si, en l'occurrence, ce dimanche tombe un samedi. L'épouse, la sœur, le beau-frère ne notent rien de particulier chez celui qu'ils ne reverront jamais lorsqu'il aura quitté Pougues-les-Eaux. Il leur adresse un au revoir qui est son au revoir habituel.

En effet, ils ne le reverront jamais vivant, cet homme qu'ils aiment et qui les aime, cet homme qui, depuis quarante-cinq ans, vit au quotidien près de son épouse, la mère de ses enfants, lui prépare son petit déjeuner, lui offre le muguet du 1er mai. Et qui ne lui laisse aucun mot d'adieu au moment de se tirer une balle dans la tête...

Car il n'y a pas de dernière lettre, d'ultime message. Pas le moindre soupçon d'explication. Rien à quoi se raccrocher. Rien qui dise avec certitude le choix d'en finir. Il n'y a rien d'autre que le doute atroce du silence d'outre-tombe.

La veuve, ses enfants, les proches fouilleront tout, à Nevers comme à Paris, les meubles, les coins et recoins. Ils feuilletteront un à un tous les livres. En vain. Pas un mot.

Rien.

Un départ, une fuite, une disparition en catimini bien peu dans la manière de cet homme qui, tout au long de sa vie, n'a eu de cesse d'expliquer, de justifier ses faits et gestes, ses choix et ses décisions.

Là, rien. L'absence dans l'absence.

Et, laissée en héritage aux survivants, la torture sans fin de l'incertitude.

8

Première alerte

À l'issue du déjeuner, le député-maire manifeste le désir de prendre un peu de repos. Son
hôtesse lui propose une chambre. Il décline
l'offre, estimant qu'il n'a pas le temps de s'offrir
une vraie sieste avant le prix cycliste dont il doit
donner le départ à Nevers.

Il se contente de la voiture.

Un moment plus tard, lorsqu'il faut prendre
le chemin de Nevers, l'officier de sécurité ouvre
le coffre de l'automobile pour récupérer son
arme qu'il a déposée, comme à son habitude,
dans l'attaché-case à combinaison prévu à cet
effet. Il constate que la mallette a été déplacée,
manipulée et que, selon toute vraisemblance, on
a cherché à l'ouvrir. Il en déduit que Pierre
Bérégovoy a pris prétexte de son désir de sieste

pour tenter de s'emparer de l'arme... Dès lors, l'invitation à déjeuner des deux hommes n'est plus une attention, mais le fruit d'un calcul, d'une préméditation. En les retenant, leur patron s'ouvre l'accès à l'arme.

Du moins est-ce là le récit que le garde du corps livre peu de temps après les faits dans sa déposition auprès de l'Inspection générale des services.

Huit années plus tard, cet épisode, pourtant très important, ne figure plus dans le récit que M6 présente à l'issue de son enquête. Le chauffeur n'en fait pas mention. Quant au garde du corps lui-même, il reste muet et demeure quasiment introuvable depuis le drame. Sa déclaration à l'IGS est la seule qu'on ait de lui. Personne, après cela, ne le rencontrera ni ne l'entendra. Peut-être estime-t-il n'avoir rien d'intéressant à raconter? Pourtant, les questions ne manquent pas. Celle-ci, par exemple: pourquoi, huit ans après, le récit se trouve-t-il amputé de cette tentative de dérober l'arme?

De toute évidence, en passant ce fait sous silence, on tend à gommer certaines faiblesses de la narration initiale.

En effet, si la tentative d'ouvrir l'attaché-case s'inscrit de manière opportune dans la première version, celle de 1993, recueillie par l'Inspection générale des services, elle n'a plus lieu d'être dans celle de 2001, retransmise notamment par M6 dans son enquête.

En 1993, la thèse retenue est que Pierre Bérégovoy se serait emparé de l'arme que son officier de sécurité aurait «oubliée» dans la boîte à gants de la voiture. Ne pouvant évidemment pas prévoir ce qui, étant un oubli, relève du fortuit, le désespéré est tout à fait fondé à tenter, avant cet heureux hasard, de s'approprier l'arme. D'où l'intrusion dans le coffre de la R25. Infructueuse, cette intrusion, mais la destinée se montre bonne fille puisque l'arme sera tout de même «oubliée» un peu plus tard dans la boîte à gants.

Dès lors, l'autre faiblesse de la thèse de 1993 est que, pour qu'il puisse l'y prendre, il faut nécessairement qu'il se soit aperçu de cet oubli. On le voit, cette hypothèse introduit beaucoup trop d'aléatoire pour qu'on persiste dans cette ligne. Le garde du corps oublie fortuitement son arme. Toujours fortuitement, le suicidaire constate cet oubli. Et ces deux micro-événements se produisent précisément le 1er mai, date dont on dira et répétera qu'elle a été arrêtée depuis des jours ou des semaines par l'ancien Premier ministre pour mettre fin à ses jours. En matière de coïncidences et de hasards, cela fait beaucoup, en effet.

De surcroît, il conviendra de se rendre à l'évidence que si Bérégovoy avait pu prendre l'arme dans l'attaché-case, il lui aurait fallu passer à l'acte sur-le-champ, avant que son garde du corps, revenant à la voiture, ne s'aperçoive de la disparition du 357 Magnum. Le suicide aurait alors eu lieu dans le jardin, au domicile même de celle que Pierre Bérégovoy appelait affectueusement «petite sœur», pratiquement sous ses yeux et ceux de son épouse… L'horreur absolue ou peu s'en faut.

Ces points mentionnés, il convient de noter par ailleurs que la manœuvre visant à se saisir de l'arme dans la mallette devient complètement incohérente si on se réfère à la version de 2001.

Dans celle-ci, le chauffeur apporte une révélation de poids en déclarant que l'officier de police se débarrassait de son arme dans la boîte à gants chaque fois qu'il montait en voiture. C'était son habitude, est-il affirmé. Une pratique systématique d'ailleurs en totale contradiction avec les règles de sécurité et les consignes en vigueur. Au demeurant, il serait intéressant de savoir combien de personnes étaient au courant de cette étrange manière de procéder...

Donc, si telle est l'habitude de son protecteur, Bérégovoy ne peut l'ignorer. Il sait par avance que l'homme laissera son arme dans la boîte à gants en reprenant sa place. Il sait qu'il pourra l'y trouver au moment opportun. En conséquence, il n'a plus la moindre raison de fouiller dans le coffre et d'essayer d'ouvrir la mallette.

De ce fait, cet aspect du récit initial n'a plus aucune raison d'être. Exit, donc. Pareillement, disparaît alors la référence, pourtant appuyée en 1993, à une feinte plaisanterie lancée le matin même par Bérégovoy à son agent de sécurité : «Avez-vous bien votre arme sur vous?» Dans la nouvelle approche, il n'a évidemment pas à s'en inquiéter puisqu'il sait où se trouvera le revolver. En outre, peut-être s'est-on rendu compte, entre les deux présentations des circonstances et des faits, qu'il n'était pas très vraisemblable que le désespéré attire délibérément l'attention sur l'objet dont il entend se servir pour se tuer, prenant ainsi le risque d'éveiller les soupçons… Ou alors, cette plaisanterie aurait été un appel qu'il lançait, un signal de détresse. Mais la version de 1993 répond par anticipation à cette interrogation. S'assurer que son garde du corps a bien son arme sur lui est présenté dans cette déposition comme une boutade récurrente, qui, par conséquent, ne peut pas mettre en alerte ce jour-là davantage que les autres fois.

Il reste tout de même à s'interroger sur la valeur, sur le crédit qu'on peut accorder à des versions qui connaissent de tels glissements.

D'autant que ceux-ci ne sont pas les seuls.

9

Deuxième alerte

En début d'après-midi, il pleut sur Nevers. Bérégovoy passe chez lui prendre un imperméable.

Il est environ 15h30. L'heure du départ du prix cycliste. Le député-maire se rend au parc Roger-Salengro où ce départ a lieu. L'averse a réveillé les senteurs végétales. Le bitume est humide. Les coureurs froncent le sourcil sous les gouttes.

Roger Salengro, le socialiste du Nord, ministre de l'Intérieur du Front populaire et qui se suicide au gaz après une campagne de presse infamante, l'accusant d'avoir déserté durant la Grande Guerre. *Gringoire*, journal d'extrême droite de l'époque, l'avait baptisé «Propre-en-gros».

Tout naturellement, les commentateurs de la fin de Bérégovoy verront dans ce rapprochement un symbole de plus. Se trouver ce jour-là en un endroit portant ce nom ne pouvait être neutre. Pas davantage ni moins, cependant, que les quelques centaines d'autres fois où le maire de Nevers a eu à fouler ce sol... Et si rapprochement il doit y avoir, celui-ci aurait dû remettre en mémoire un fait d'importance : Salengro a laissé une lettre à l'attention de Léon Blum avant de se donner la mort. Ce qui, nous l'avons dit, ne sera nullement le cas dans le drame présent. La culture de la référence a aussi ses limites.

Dans le même ordre d'idées, on cite à présent, dans le document de 2001, un passage des *Mémoires* de Clemenceau entouré au crayon par Bérégovoy : « Mon parti m'a abandonné et je suis seul. Je suis un homme mort. » On ne sait pas préciser à quel moment Bérégovoy a relevé ce passage. Mais on sait de façon certaine que Clemenceau est mort à l'âge de quatre-vingt-huit ans dans son lit. Sous sa plume, l'expression « Je suis un homme mort » n'est donc, en l'occurrence, que pure métaphore.

Au départ du prix cycliste, tout comme à la cérémonie du 1er mai, le matin, les journalistes et photographes locaux sont présents. «Je n'ai pas pris de photo de Bérégovoy ce jour-là, nous a confié l'un d'entre eux, car il était exactement comme je le voyais pratiquement chaque week-end depuis dix ans. Cela aurait été un cliché parmi des dizaines d'autres identiques.»

On ne peut nier que les photographes, à force de regarder, scruter les visages acquièrent un œil critique, voire clinique, et savent déceler ce qui passe inaperçu au commun des mortels. Pas plus que les médecins et infirmières du Val-de-Grâce, le jeudi, du centre hospitalier de Nevers la veille même, ce photographe ne soupçonne rien de la détresse et de son échéance imminente.

Pierre Bérégovoy a un trou d'environ une heure dans son emploi du temps entre la course cycliste et la fin de la compétition de canoë-kayak dont il doit remettre les récompenses, au camping, de l'autre côté de la Loire.

Il se rend chez lui, rue Saint-Martin, puis à la mairie, au palais ducal, à quelques pas de là, dans le cœur historique du vieux Nevers. Pour quelle raison aller à l'hôtel de ville en ce jour férié où les bureaux sont déserts? s'interrogent les traqueurs de signes révélateurs. Pour se jeter par la fenêtre, croient-ils deviner.

Ce peut être aussi pour récupérer un quelconque document dont notre homme pense avoir besoin dans la soirée ou le lendemain. Pour satisfaire un besoin naturel, puisque nous le savons quelque peu fragilisé dans ce domaine.

Mais retenons la tentative inaboutie, puisque c'est cette explication qui, désormais, a la préférence. Le récit que fait le chauffeur dans sa relation de 2001 semble en effet justifier cette hypothèse.

Lorsque le garde du corps et le chauffeur viennent à la mairie rechercher leur patron, ils l'aperçoivent penché à une fenêtre des étages, le buste vers l'avant. Le chauffeur pense que Bérégovoy s'est reculé de la fenêtre et a renoncé à accomplir le geste supposé lorsqu'il s'est aperçu qu'ils l'avaient remarqué. Lorsqu'il les a vus voyant, comme dirait Sartre.

Le récit que le garde du corps fait, quant à lui, devant l'IGS en 1993, présente quelques différences par rapport à celui de son collègue en

2001. L'apparition à la fenêtre n'y est pas retenue et il est dit que les deux collaborateurs retrouvent leur protégé à l'intérieur de l'édifice, au moment même où il sort des toilettes. L'explication du passage par la mairie trouve dès lors son explication la plus simple. Les intestins et leurs caprices en seraient la seule cause. Alors que la version de 2001 fait clairement allusion à une tentative avortée.

En conclusion, si nous nous référons à la plus récente des versions, force est de constater que nous nous trouvons, à ce moment-là, devant la deuxième alerte sérieuse en moins de deux heures...

10

Troisième alerte

Après avoir quitté le palais ducal et avant de se rendre sur l'autre rive de la Loire pour la remise des prix de canoë-kayak, le député-maire se fait conduire à la gare de Nevers. Il descend de voiture, pénètre dans la salle des pas perdus.

De ce crochet à la gare, nous avons aussi deux versions différentes.

Celle de 1993 nous dit que Pierre Bérégovoy, une fois dans le hall, se dirige tout d'abord vers le kiosque à journaux, apparemment avec l'intention d'acheter des journaux ou un paquet de ces petits cigares qui puent et qu'il affectionne.

Il s'aperçoit alors que son officier de sécurité observe ses faits et gestes. Il se ravise, n'achète rien, s'approche d'un panneau indicateur, paraît le consulter tout en jetant des regards à droite et à gauche, finit par sortir son agenda de la poche intérieure de sa veste et prend hâtivement quelques notes. Le garde du corps se souvient, dans cette déposition de 1993, que les rapides passaient tout près, à quelques pas de là…

Dans la version du chauffeur, en 2001, les deux hommes pensent que leur patron demande ce crochet par la gare pour acheter la presse ou les cigares, les autres boutiques étant fermées ce jour de 1er mai. Mais là, pas de valse-hésitation devant l'échoppe, pas de station devant le panneau indicateur, pas d'agenda, pas de note griffonnée. L'homme se rend directement sur le quai, là où va passer le rapide de Paris dans quelques instants. Mais il renonce et revient sur ses pas lorsqu'il se rend compte que son ange gardien l'a suivi.

Si les deux versions concordent quant à l'essentiel, c'est-à-dire une tentative avortée, elle aussi, de se supprimer en se jetant sous un train, la plus tardive présente l'avantage non négligeable d'escamoter l'existence de l'agenda.

Ce fameux agenda qu'on ne retrouvera jamais après le décès, malgré les demandes de restitution émises par les proches.

Ne pas faire mention de l'agenda à ce moment-là, environ une heure avant le drame, permet d'envisager que le carnet a pu être perdu bien avant cela. Éventualité réduite à rien par les images que France 3 Bourgogne tourne une demi-heure plus tard, à la fin de la remise des trophées, au stade nautique, où l'on voit Bérégovoy sortir son calepin, y jeter un coup d'œil et le remettre dans sa poche. Ce sont des images auxquelles on n'a prêté attention que plus tard et que le chauffeur peut fort bien ne jamais avoir vues. De la même façon, on ne peut exclure que, de la voiture, il n'ait pas vu les allées et venues de son patron dans le hall et que, pour lui, dans son souvenir, celui-ci n'a fait que le traverser pour aller tout droit sur le quai.

Quoi qu'il en soit, on restera tout de même admiratif de la bonne connaissance des horaires de passage des rapides-qui-ne-s'arrêtent-pas-à-Nevers-un-samedi-1er mai dont fait preuve Pierre Bérégovoy pour se faire déposer à cet endroit et accéder au bon quai, juste avant ce passage. Cela, alors même qu'il n'a pas été maître de l'heure exacte du départ de la mairie, puisque ce sont ses collaborateurs qui sont venus l'y prendre.

Cette difficulté-là n'est pas mince. On ne peut la balayer d'un revers de main.

Néanmoins, il reste que ce crochet par la gare, cette irruption sur le quai apparaissent, tels qu'ils nous sont rapportés dans les deux témoignages, comme une troisième alerte.

La troisième dans le même après-midi et devant les mêmes témoins.

Trois alertes. Trois signaux forts. Et pourtant, moins d'une heure plus tard, comme si ces comportements étranges n'avaient pas suffi à éveiller la vigilance, c'est en prenant l'arme négligemment laissée dans la boîte à gants de la R25 que l'homme convertira ces trois actes manqués en drame abouti. Un homme que, de surcroît, on aura laissé seul au bord d'un canal…

Il ne s'agit pas d'accuser, de montrer du doigt. Il s'agit tout simplement d'analyser, de relire les signes évoqués sous cet éclairage.

Si cette vigilance ne s'est pas trouvée aiguisée, c'est peut-être tout simplement que les divers comportements que les témoins mentionnent ne sont devenus «alertants» pour eux qu'après le drame, le suicide une fois accompli permettant en quelque sorte leur décryptage.

Avant cela, ces trois manières d'être leur auront paru anodines.

La mallette bougée dans le coffre de la voiture ? Un détail auquel on ne prête pas attention a priori, qu'on impute à une manœuvre brusque dans un virage ou pour se garer, ou à une étourderie en rangeant cette mallette dans le coffre en arrivant pour le déjeuner...

L'apparition à la fenêtre ouverte ? Le besoin de s'aérer ou d'aérer la pièce un instant. L'homme incliné vers l'avant ? Il voit ses collaborateurs en bas, se penche naturellement vers eux...

La gare ? Le besoin de cigares. Un horaire de train à vérifier. Puis un coup d'œil sur le quai, par habitude pour cet ancien cheminot...

Toutes choses qui, sur le moment, dissociées de la véritable fin de l'acte, ne prennent pas vraiment sens.

Mais si ce sens ne se manifeste pas d'emblée, ce que semble démontrer la non-vigilance en question, peut-être est-ce parce que ces divers comportements ne sont pas du tout empreints, en eux-mêmes, de la charge suicidaire qu'on tiendra à leur reconnaître plus tard...

Autrement dit, il faut accepter l'éventualité que les comportements de Pierre Bérégovoy dans les heures qui ont précédé sa mort n'aient eu de nature suicidaire que celle qu'on aura bien voulu leur accorder après coup.

Quant aux glissements narratifs, aux différences entre les versions 1993 et 2001 de ces alertes, ils expriment, clairement eux, le souci conscient ou inconscient de leurs auteurs de les faire adhérer le mieux possible à la cohérence d'ensemble établie et admise une fois pour toutes.

Bref, que le revolver 357 Magnum F 1 Spécial Police de marque Manhurin se trouve là où Pierre Bérégovoy s'en saisit, apporte la démonstration que l'usage qu'il pouvait en faire restait, à ce moment-là, inconnu de ceux qui le protégeaient. Inconnu parce que imprévisible.

À partir de là, la question terrible se pose: Bérégovoy, en cet après-midi du 1er mai 1993, était-il donc vraiment suicidaire?

11

L'autre rive

Un moment après son passage par la gare, le député-maire arrive au camping et à son aire nautique pour la remise des récompenses. Des senteurs d'herbe humide rappellent la pluie du début d'après-midi.

En attendant la fin de la course et la distribution des prix, qui a lieu vers 17h20, Pierre Bérégovoy et le président du club de canoë-kayak font quelques pas à l'écart, au bord de la Loire. Le maire de Nevers interrompt son interlocuteur pour s'extasier sur la vue qu'il a de sa ville depuis cette rive. Les traqueurs de signes y voient un symptôme de plus: un adieu ému à la cité. Sa cité. Ce peut être aussi l'expression d'un de ces lieux communs dont l'homme ne s'est jamais montré tellement avare.

La cérémonie des récompenses a lieu. Pierre Bérégovoy applaudit les vainqueurs avec entrain, remet les trophées, prononce quelques propos de convenance. Il sourit.

C'est alors qu'on le voit, sur les images de France 3 Bourgogne, sortir son agenda de sa poche puis l'y remettre. Pourquoi prendre la peine de consulter son emploi du temps si l'on a décidé de mettre fin à ses jours ?

Mais ces images ultimes, tournées environ une demi-heure avant le drame, disent bien autre chose. Pour les avoir visionnées à maintes reprises, nous pouvons dire qu'elles n'offrent pas la représentation d'un homme désespéré, d'un individu en fin de course. Au contraire, tout comme le notait la veille un de ses compagnons de terrasse au Gai Rivage, l'homme paraît à l'aise. Il est souriant. «On le retrouve gonflé à bloc, comme avant», commente même ce familier.

Par ailleurs, il est intéressant de constater que ce ne sont jamais ces images-là, les toutes dernières de Pierre Bérégovoy, que les médias utiliseront par la suite pour illustrer le drame. Ce sont immanquablement des photos d'accablement, prises au plus fort de la tempête médiatique, en février ou début mars, c'est-à-dire plusieurs semaines avant le décès, qui sont mises en avant.

Ce point est aisément vérifiable sur le document de M6 de 2001, ses auteurs ne faisant en cela que se conformer à ce qui a été montré dès 1993.

Sur les images tournées par France 3 environ une demi-heure seulement avant le coup de feu, Pierre Bérégovoy, que l'on voit souriant, à l'aise, en forme, répétons-le, porte une chemise bleu pâle unie.

La dernière image de lui vivant donnée dans ce document et associée directement dans le commentaire au terme de suicide, puisque c'est sur celle-ci que le mot est prononcé, est un cliché antérieur, montrant un Bérégovoy au plus mal. Il porte alors une chemise à rayures gris-bleu. Bien entendu, aucune mention de date ne vient informer le téléspectateur sur l'origine du visuel proposé. Ou plus exactement, imposé.

Pourquoi ce choix? Pourquoi prendre le risque de verser dans la manipulation par l'image? Si la thèse du suicide est inattaquable, pourquoi ne pas jouer tout simplement la clarté et respecter, dans sa chronologie, l'apparence physique de la victime? Pourquoi préférer la scénarisation à l'information nue?

Est-il besoin d'ajouter que, pas plus que lors du départ de la course cycliste, personne, dans cette demi-heure qui précède le supposé passage à l'acte, n'a soupçonné la moindre trace de détresse capitale chez cet homme?

Un homme à qui, répétons-le, on ne cessera de prêter des signes d'adieux dans les heures et les jours précédents, soit au téléphone en demandant des nouvelles de sa famille à un directeur de journal, soit en répondant un dilatoire «on verra cela» à l'invitation d'un autre journaliste suggérant un dîner, soit en adressant un au revoir de la main, soit en disant, à tel représentant agricole de la réunion du vendredi, «vous verrez cela avec mon chef de cabinet»... La liste est interminable. Tout le monde ou presque s'est employé à déceler de pathétiques adieux dans les attitudes publiques du Bérégovoy des derniers temps...

Or, une demi-heure, peut-être même seulement vingt minutes avant de passer à l'acte, il est filmé. Il se sait filmé, et lui, qui a toujours été si gourmand de micros et de caméras, n'a pas alors le moindre regard un peu appuyé, le plus discret petit geste de la main, la plus imperceptible mimique qui pourraient laisser entendre qu'il saisit l'opportunité pour saluer une dernière fois le public. Son public. Rien.

D'ailleurs, si de ce film qui enregistre les ultimes respirations du disparu, on avait pu exhumer un tel message, on ne se serait pas privé de l'exposer et de le surexposer, de l'exploiter jusqu'à la corde.

Cette considération n'a nulle valeur de preuve, bien entendu. Mais si l'on tient à accorder tant d'importance à de prétendus signes, il ne peut pas être interdit de mentionner, parmi ces signes, ceux qui brillent par leur aveuglante inexistence.

12

Deux balles et service minimum

Bérégovoy s'apprête à remonter en voiture. Le garde du corps lui ouvre la portière arrière. Le patron s'installe à l'avant. Il téléphone à son suppléant, Didier Bouland, pour lui demander de venir le rejoindre au camping.

Il raccroche.

Un instant plus tard, il change d'avis. Il dit vouloir repartir pour le palais ducal et charge son officier de sécurité de rester au camping pour attendre son suppléant.

On obéit.

Le chauffeur démarre. Ce n'est pas la direction du palais ducal qui est prise, puisqu'on ne change pas de rive, mais celle de ce qu'on appelle ici la Jonction, entre le canal et le fleuve.

Bérégovoy fait arrêter la voiture pour téléphoner de nouveau. Le chauffeur, par discrétion, descend et s'éloigne.

Ce serait le moment choisi par le passager pour se saisir de l'arme dans la boîte à gants. Telle est du moins la thèse officielle.

Comment sait-il qu'elle s'y trouve ?

Nous savons grâce aux déclarations nouvelles du chauffeur, en 2001, que le garde du corps a pour habitude de l'y déposer dès qu'il prend place. Cette version, nous l'avons dit, présente l'intérêt d'évacuer la référence à un «oubli» et donc à un hasard que le futur suicidé ne pouvait absolument pas prévoir.

Du moins peut-on le penser. En fait, la notion d'oubli, et donc de hasard, demeure induite dans la nouvelle version. Elle se trouve simplement déplacée.

Si nous admettons que le chargé de sécurité a pour habitude bien établie de placer l'arme dans la boîte à gants, il va de soi qu'il a également pour habitude, tout aussi bien établie, tout aussi machinale et mécanique, de l'y reprendre chaque fois qu'il quitte le véhicule.

Ce qu'il n'a pas fait, manifestement, en arrivant au camping. Nous nous trouvons donc bien, de nouveau, dans la sphère du hasard et, en conséquence du non-prévisible.

En toute logique, au moment même où Pierre Bérégovoy prend l'initiative de s'asseoir à la place du passager, on doit supposer qu'il sait déjà qu'il trouvera l'arme dans la boîte à gants. Comment cela est-il possible ?

Retenons que le garde du corps ne l'a pas récupérée en descendant de voiture à l'arrivée au camping ; il convient dès lors d'admettre que son patron a remarqué cet oubli... Mais Bérégovoy n'est pas resté auprès de la voiture. Il s'est même promené un moment au bord de la Loire en compagnie du président du club. Il ignore donc si, dans l'intervalle, le professionnel de la sécurité, se ravisant, n'a pas récupéré son arme. Une arme qui, chargée comme elle l'est justement de ses six balles, pèse environ 1,4 kilo, soit le poids de huit ou dix téléphones portables. Or cet allégement non négligeable de sa personne passera inaperçu tout ce temps-là, environ une demi-heure, à ce fonctionnaire de police expérimenté et entraîné. Il va et vient, bouge, parle, fait des gestes, et ne se rend absolument pas compte que son outil de travail lui manque...

Et cette étourderie est commise malgré les trois tentatives manquées de l'après-midi auxquelles il a assisté aux premières loges. À moins, bien entendu, comme nous l'avons suggéré, que ces tentatives n'en aient pas été.

Passons.

Bérégovoy, donc, se procure l'arme.

Il rappelle son chauffeur. Ce n'est toujours pas le chemin du palais ducal qui est pris, mais celui du pont de la Jonction, sur le canal. Bérégovoy venait se promener sur le chemin de halage avec sa mère, décédée en 1991. C'est à cet endroit que, en février, il est photographié par James Andanson pour le cliché officiel de sa campagne électorale. James Andanson, autre destinée romanesque ! Il se prétend aristocrate écossais. Il a su, lui, se composer un personnage à la mesure des fantasmes de la jet-set dont il est le photographe chéri. En réalité, il se prénomme Jean-Paul, comme tout le monde, et il est « né natif » de Clermont-Ferrand. Officiellement, il s'est suicidé par le feu, dans sa voiture, sur le plateau du Larzac, le 3 mai 2000. On ne retrouvera de lui qu'un peu de cendres. Coïncidence intéressante, il se trouvait à Nevers le 1er mai 1993. Pour quelle raison? On n'en sait rien. Pas pour faire des photos, c'est certain…

Deux destins tragiques se sont donc frôlés, là, sur les rives de ce canal où, dans une atmosphère d'après-ondée et de fin d'après-midi de printemps, le petit homme de Nevers décide de faire quelques pas.

Les derniers.

Il envoie son chauffeur récupérer le garde du corps au camping. La voiture s'éloigne. Bérégovoy s'engage sur le chemin de halage. Il est 17h50.

Là encore, on ne peut manquer de s'arrêter de nouveau un instant devant le fait que les comportements inquiétants de l'après-midi n'empêchent nullement qu'on laisse seul au bord d'un canal cet homme qu'on décrit si volontiers comme désespéré.

Même si on n'a pas bien lu Simenon, on sait que les canaux ne sont pas favorables aux dépressifs profonds.

Mais, au risque de nous répéter à l'excès, il se peut aussi que le chauffeur, non plus que le garde du corps en oubliant son arme, n'aient aucune vraie raison de s'inquiéter à ce moment-là. Autrement dit, il faut envisager que, à cinq ou dix minutes de la tragédie, ils puissent être encore à des années-lumière de l'imaginer non seulement possible mais imminente…

Le chauffeur retrouve le garde du corps au camping. C'est au moment où il reprend sa place en voiture que l'officier de sécurité réalise que le revolver a été laissé dans la boîte à gants.

Il n'y est plus.

Les deux hommes foncent au bord du canal…

Pierre Bérégovoy gît à quelques dizaines de mètres légèrement à l'écart du chemin de halage, à l'endroit d'un feu éteint et, dira-t-on, de quelques immondices. Il est étendu sur le dos, précise la déposition faite à l'IGS, ses lunettes en arrière de la tête.

Il ne les a pas retirées pour pointer l'arme contre sa tempe.

Il râle. Il présente un trou au sommet de la partie frontale gauche du crâne. C'est l'orifice par lequel la balle est ressortie. Un cliché sera pris depuis l'autre rive par un photographe local. Il montre cette plaie nette, propre, pourrait-on dire. De dimension assez dérisoire, en total contraste avec l'énormité du drame. En contraste également avec la puissance de l'arme employée. Mais les experts que nous avons interrogés, faute d'enquête balistique officielle, expliquent que si le projectile est une balle blindée, et non une balle expansive, l'orifice de sortie peut en effet être à peu près du même diamètre que la balle elle-même.

Il est 18h10, selon le rapport de l'IGS. L'aller et retour canal-aire nautique aura donc pris vingt minutes. C'est beaucoup, surtout si l'on tient compte de la précipitation dans laquelle le retour est censé avoir été effectué.

En 1993, pour tout le monde, il est clair que deux balles ont été tirées, et non une seule.

La thèse retenue est que le désespéré aurait procédé à un tir d'essai. Il aurait tiré une première fois, dans l'herbe ou dans l'eau, pour tester l'arme. Pure hypothèse car, faute de l'avoir recherchée, on n'a jamais retrouvé la prétendue première balle.

Si ce tir expérimental a eu lieu, il a ensuite fallu que l'homme réarme le revolver, c'est-à-dire qu'il exerce sur la détente la pression suffisante pour réactiver le chien et faire pivoter le barillet chargé de ses balles. Ce n'est pas impossible, certes. Dans les fanges du désespoir, rien ne l'est. Mais il faut, pour accomplir ce geste, une détermination et une sûreté de geste qui, tout de même, surprennent quelque peu les experts consultés... Et qui nous surprennent nous-même. Nous avons tiré avec une arme identique. Le bruit à lui seul, c'est la mort !

On sait que deux balles ont été tirées car deux témoins auditifs l'attestent: un employé d'une maison de retraite de la ville qui faisait son jogging, sur l'autre rive, et une jeune maman, infirmière de son état, qui promenait son enfant dans un landau. Ils ont, l'un et l'autre, perçu distinctement deux détonations.

C'est un point dont on ne parle plus aujourd'hui, comme par hasard. On l'a classé dans la catégorie des détails sans importance. La seule chose que nous pouvons dire est que nous n'avons connaissance d'aucun suicide avec ce type d'arme qui ait été précédé d'un tir d'essai. Les psychologues, les spécialistes affirment par ailleurs qu'il n'y a jamais de répétition générale à cet acte.

Il est donc 18 h 10.

Après s'être penché sur le blessé et s'être adressé à lui, ainsi qu'il le précisera à l'IGS, le garde du corps se précipite à la voiture. Il téléphone pour donner l'alerte. Il croit appeler le commissariat, tombe sur la préfecture.

D'après Charles Villeneuve qui les rapporte dans son livre *Les Liaisons dangereuses de Pierre Bérégovoy,* les mots prononcés alors seraient : « Le Premier ministre s'est suicidé. »

Étonnante formulation qui sonne comme un constat définitif et froid…

L'alerte est transmise aux pompiers.

Il est 18 h 13.

À 18 h 17, le médecin-directeur du SAMU, le docteur Alain Chantegret, et son adjointe, le docteur Chantal Vireau, sont joints sur le circuit automobile de Magny-Cours où ils supervisent la sécurité d'une compétition.

Douze kilomètres les séparent du lieu du drame. Ils y arrivent quelques minutes plus tard. Deux autres médecins du SAMU sont sur place et assurent les gestes médicaux d'urgence.

Pierre Bérégovoy est dans le coma.

Il est transporté sur un brancard dans l'ambulance des pompiers.

De l'autre rive, un correspondant photographe arrivé dans le sillage des pompiers prend la toute dernière photo de Pierre Bérégovoy.

Celui-ci est dirigé sur la salle de déchoquage de l'hôpital de Nevers. «Son» hôpital.

Il est 19h16.

Le docteur Chantegret opte pour l'évacuation du blessé à Paris, au Val-de-Grâce.

À 19h17, le médecin entre en communication avec la préfecture de la Nièvre. Il joint le préfet. La conversation aborde le point de savoir si Pierre Bérégovoy doit être transporté au Val-de-Grâce ou si c'est l'équipe du Val-de-Grâce, mobilisée pour cela, qui descendra à Nevers.

La décision qui est prise est l'évacuation sur Paris.

Ce choix n'aura aucune incidence sur l'issue clinique. Il a pu en avoir, par contre, quant aux options d'enquête, d'expertises telles que l'autopsie, puisque ces options seront arrêtées ou effectuées à Paris et non pas à Nevers, une fois le décès constaté.

Dans le même temps, c'est-à-dire entre 19h30 et 19h40, une certaine confusion régnera, puisque deux dépêches se succéderont à deux minutes d'intervalle, l'une émanant de l'agence britannique Reuter, l'autre du cabinet même du président de la République, qui annoncent et présentent comme officielle la mort par suicide de Pierre Bérégovoy. L'une et l'autre font référence à une information émanant de la préfecture de la Nièvre.

Il est 19h36 lorsque Reuter diffuse sa dépêche. Son texte ne laisse aucune place au doute: «Pierre Bérégovoy est mort. L'ancien Premier ministre, Pierre Bérégovoy, s'est suicidé d'une balle dans la tête, samedi après-midi à Nevers, déclare la préfecture de la Nièvre. Officiel Nevers.»

À 19h38, le cabinet du président de la République, à l'Élysée, reprend l'information et apporte cette précision: «Pierre Bérégovoy a été immédiatement transporté à l'hôpital de Nevers où son décès a été constaté.»

Ainsi, dès 19h36, sur la foi d'un communiqué de la préfecture de la Nièvre émis à 19h30, le suicide et le décès sont présentés comme étant des certitudes.

Dès lors, on peut s'interroger sur le contenu réel de la communication de 19h17 entre l'hôpital et, justement, la préfecture. Est-ce bien un blessé et non pas déjà un homme mort qu'il s'agit d'évacuer de Nevers? Et si le décès est constaté, comme l'affirme la préfecture elle-même, pourquoi transporter le corps?... Pour le soustraire aux investigations et enquêtes qui pourraient être décidées et conduites à Nevers même?... Qu'aurait-on à cacher?

Par ailleurs, on ne peut manquer de s'étonner de la précipitation avec laquelle la thèse du suicide est officiellement authentifiée et publiée. Il ne s'écoule en effet que quinze minutes entre l'admission de Pierre Bérégovoy à l'hôpital et l'annonce officielle de son «suicide».

D'ordinaire, les autorités s'imposent davantage de précautions. La décence et la prudence les plus élémentaires l'exigent. La prudence, puisque aucune enquête n'a encore rendu la moindre conclusion. La décence, parce que, en si peu de temps, il est impossible d'avoir averti la famille et les proches.

Pourquoi tant de hâte?

Ainsi, à 21h30, lorsque l'hélicoptère, qu'il a fallu faire venir de Clermont-Ferrand, décolle pour le Val-de-Grâce, Pierre Bérégovoy est-il bien toujours en vie?

Il est 22h15 lorsque, depuis l'hélicoptère, qui se trouve à la verticale de Pithiviers, est officiellement annoncé le décès.

Le président de la République se trouve déjà au Val-de-Grâce. Il y est depuis environ 21h15. Des personnalités politiques de premier rang y sont arrivées à leur tour. À ce moment-là – 21h15 –, la mort a été démentie. C'est donc un blessé que le président de la République et ces notabilités sont censés accueillir ici. Non une personne décédée... Cela peut surprendre. Est-ce l'usage que des personnages de cette importance soient mobilisés pour accueillir un blessé qui doit être conduit directement au bloc opératoire?

L'épouse du mourant, depuis son arrivée à l'hôpital de Nevers, vers 20 heures, venant de Pougues-les-Eaux, ne cesse de répéter d'une voix sourde: «Ils l'ont tué.» Cinq heures après le coup de feu, lorsqu'elle se trouve pour la première fois devant le corps de son mari, au Val-de-Grâce, ce murmure lancinant se métamorphose en un terrifiant cri de révolte: «Ils l'ont tué!»

Les personnes présentes se souviennent encore de la fureur douloureuse, pathétique, déchirante de ce cri. Elles en ont eu les sangs glacés, de l'aveu même de Laurent Fabius qui assistait à la scène.

À Nevers, la ville du disparu, ce soir-là murée dans le mutisme du chagrin et du refus, abasourdie, choquée, orpheline, c'est cette sentence identique qu'on perçoit à travers ce silence même, qu'on lit sur les visages fermés: «Ils l'ont tué.»

Dans la soirée, ce fidèle du Président, celui qui, le mercredi ou le jeudi précédent, a su prédire le suicide par arme à feu, celui qui, en avril 1992, a inspiré le lamentable effet de tribune à l'Assemblée nationale, apparaît à la télévision, non pour honorer la mémoire du disparu, non pour faire part de sa peine, mais pour accuser. D'emblée, la responsabilité du drame est rejetée sur d'autres. C'est le thème des chiens, déjà. «Si j'étais juge ou journaliste, déclare ce procureur peut-être commis d'office, je ne dormirais pas bien ce soir!»

Car, bien entendu, les faux amis du premier cercle, les apparatchiks indéboulonnables, les éléphants roses, eux, pourraient dormir sur leurs deux oreilles.

Cette nuit-là, qui, parmi le peuple de France ou le peuple de gauche, irait croire cela?

Le corps est à Paris.

Bien que requise par le parquet de la Nièvre, c'est donc à Paris que sera pratiquée l'autopsie. Non pas au Val-de-Grâce même, mais à l'Institut médico-légal.

La dépouille mortelle y sera transférée nuitamment, en toute discrétion.

Elle sera ramenée au Val-de-Grâce toujours aussi discrètement, le lundi suivant, 3 mai, en fin de nuit. La mise en bière a lieu à midi.

Au jour et à l'heure où, si on veut feindre de croire à la fable servie depuis le drame, l'ancien Premier ministre était attendu à l'Élysée pour y déjeuner avec le président de la République…

De l'autopsie pratiquée, rien n'a transpiré. Aucune précision ne sera apportée, ni quant à l'heure précise du décès, ni quant aux vérifications basiques en matière de correspondance entre les blessures constatées et le calibre de la munition tueuse.

Malgré leurs demandes réitérées, la famille, les proches n'auront jamais connaissance du rapport d'autopsie. S'il en existe un, bien sûr.

Pourtant, en haut lieu, on ne peut ignorer, depuis l'affaire Boulin et quelques autres drames de même nature, que les autopsies escamotées ouvrent inévitablement le champ aux spéculations les plus hasardeuses.

Sachant cela, on a tout de même fait le choix de bannir la clarté. À croire que celle-ci aurait été encore plus fertile en interrogations que le flou et le non-dit dans lesquels on a choisi de se cantonner.

Est-il besoin de souligner que l'homme qui vient de mourir dans des conditions particulièrement tragiques est un député, un maire, et qu'il était encore, à peine deux mois plus tôt, le Premier ministre de la France ?

Or, il semble bien que, contrairement à tous les usages et au plus élémentaire respect que l'État doit à ses hauts serviteurs, on se soit contenté, en l'occurrence, du service minimum.

Il fallait d'autant plus s'appliquer à faire toute la lumière qu'on prétendait n'avoir rien à cacher. Or, on n'a réussi qu'à multiplier les zones d'ombre, et, ce faisant, à laisser le champ libre à la suspicion.

D'un bout à l'autre, la dramatique fin de Pierre Bérégovoy est ainsi entachée de négligences, d'insuffisances, de maladresses. Négligences, insuffisances, maladresses dont personne à ce jour n'a jamais eu à rendre compte...

Par exemple, la défaillance professionnelle que constitue «l'oubli» de l'arme dans la boîte à gants est passée par pertes et profits. À notre connaissance, elle n'a entraîné ni sanction ni remontrance.

D'ailleurs, dans cette affaire, le responsable de cette anomalie brille par une absolue discrétion.

Il est censé être le dernier à avoir eu l'arme en main, il est celui qui l'a retrouvée près du corps...

Il est le dernier à s'être penché sur Pierre Bérégovoy, à lui avoir parlé, à avoir perçu le son de sa voix...

Il est, de fait, le dernier à avoir eu à portée de main l'agenda disparu, la pièce manquante du puzzle...

Et il n'aurait rien à raconter?

Mutisme sur ordre, probablement. Ordonné par qui? Et pourquoi?

S'ajoutant aux autres éléments propres à semer le doute, ce «*no comment*» opposé depuis le premier jour compte bien parmi les plus troublants.

En effet, si la cause de la mort est bien le suicide, s'il s'agit bien d'un drame sans mystère et sans coupable, ce silence forcené, si peu dans la nature humaine, ne s'explique guère.

13

Obsèques et bistrot

Le mardi 4 mai 1993, Nevers est la capitale funéraire de la France. Il fait un temps de printemps mort-né.

Ils sont venus, ils sont tous là. Même ceux du premier cercle. Train présidentiel et train du tout-venant politique et médiatique. Une effervescence de comice triste. Le peuple de Nevers, tout entier à son deuil, se tient à l'écart de la marée sombre des attristés de circonstance. Ceux qui, témoins extérieurs, se sont trouvés dans la ville ce jour-là ont senti cette distance froide, ce rejet muet, ce presque désamour.

S'il y a un jour, un seul, où la classe politique a pu jauger combien le peuple sait parfois se tenir loin d'elle, c'est bien celui-ci.

Une phrase prononcée par Mitterrand, une formule plus exactement, va cependant susciter, un instant, un souffle d'adhésion populaire. La presse du monde entier saisira au vol ces mots assez terribles et, surtout, fort bien trouvés: «Toutes les explications du monde ne justifieront pas que l'on ait pu livrer aux chiens l'honneur d'un homme et finalement sa vie au prix d'un double manquement de ses accusateurs aux lois fondamentales de notre République, celles qui protègent la dignité et la liberté de chacun.»

Seule la première partie de la phrase sera retenue: «… que l'on ait pu livrer aux chiens l'honneur d'un homme et finalement sa vie…».

Une dénonciation simple, limpide en apparence mais qui n'est pas exempte d'ambiguïté. Les journalistes se sont empressés de se reconnaître, de s'identifier, de prendre pour eux le vocable de «chiens». Ce faisant, ils ont mordu à l'os qu'on leur jetait.

Peut-être n'ont-ils pas assez vu la question que sous-tendait l'accusation. Si les journalistes sont bien les «chiens», qui est ce «on» qui leur a livré l'honneur de cet homme et finalement sa vie?

Les juges? Les prétendus amis politiques du défunt, ceux que de Gaulle, en d'autres temps et d'autres circonstances, appelait les «politichiens»? Qui est ce «on», indéfini et collectif? Et dans ce collectif, l'orateur lui-même n'a-t-il pas sa place, toute sa place? Ne jaillit-il pas dans son esprit, en même temps que la phrase cinglante, l'évidence jusqu'alors à peine consciente que «on» n'est pas forcément un autre?

Edwy Plenel, journaliste au *Monde*, dit de cette oraison funèbre: «Ce n'est pas le discours d'un ami.» Et d'ajouter: «Cet homme fait de la politique sur un cadavre.»

Le soir du 4 mai, au retour de Nevers et des funérailles, François Mitterrand organise un dîner, à Paris. Il fait le choix d'un établissement sans lustre particulier du boulevard Saint-Germain, le Bistrot d'à Côté. Une adresse qu'il fréquentait dans sa période profil bas où, après la cascade hasardeuse du jardin de l'Observatoire, une certaine discrétion s'imposait.

Ce repas de funérailles a des allures de petit souper de cour. S'y trouvent conviés des intimes.

Ils sont huit. Parmi eux, des intimes plus intimes que les autres ainsi que le chroniqueur attitré des dernières années, Georges-Marc Benamou, à qui revient la charge de transcrire les moments publics et privés du règne finissant, de ne rien négliger de ce qui, on ne sait jamais, pourrait avoir à faire avec l'Histoire.

Depuis quelque temps, on ne voyait guère le Président. On le disait las et taciturne. Revigoré par la satisfaction que lui inspire son oraison, il parle ce soir-là, longuement. Il parle de la mort. N'est-ce pas, désormais, et de plus en plus «son» sujet?

Le témoin mémorialiste, qui relate ce dîner dans son livre *Jeune Homme, vous ne savez pas de quoi vous parlez*, note que Mitterrand ne nomme pas le défunt. Il dit «le corps»… «J'étais là quand le corps est arrivé»… «Le corps avait dû être arrangé et nettoyé»… «Quand le corps fut prêt, ils ont soulevé le drap…»

Puis, plus loin:

«Quand j'ai vu ce visage, je me suis dit: "Cet homme a été assassiné"…»

« Le corps», «cet homme»: ce ne sont pas là non plus les mots d'un ami.

Assassiné. Le mot est lâché. Le mémorialiste remarque que jamais, à ce dîner, le mot «suicide» ne le sera… Mais cela est inutile, puisque par «assassiné» tous entendent «acculé au suicide». Par les chiens évidemment.

On reparle alors des articles de février. Point trop violemment de ceux du *Canard enchaîné* car se trouve à la table l'ex-avocat et grand ami de l'hebdomadaire et de sa rédaction. Enfin, apparemment pas assez avocat et ami pour avoir su à temps que la bombe viendrait de là, qu'au royaume des chiens le palmipède allait jouer les pitt-bulls.

Le Président ne prend pas part à ces propos et commentaires. Il se ressaisit toutefois lorsque lui-même et son oraison de l'après-midi redeviennent le centre d'intérêt. La cour a aimé le discours. Surtout le passage «des chiens», bien entendu.

«Les chiens, ça m'est venu sous la plume à la dernière minute.»

Entre la cérémonie religieuse et l'allocution, il y a eu un temps de latence. On a conduit le Président à la mairie, dans le bureau du défunt. Il s'est mis à sa table de travail. Il s'est assis dans le fauteuil du mort. À cet instant, sans doute, lui est revenue l'effroyable apparition du corps, du visage, lorsque, au Val-de-Grâce, on a soulevé le drap. À cet instant aussi, peut-être l'aura submergé, dans la panique de la mort qui rôde autour de soi et en soi, l'irrépressible nécessité de se défausser, de n'y être pour rien, ou en tout cas, pour le moins possible... Les chiens, cela vient tout seul alors. Ce sont les chiens qui l'ont fait. Ce ne peut être que cela.

Dans un silence, comme il s'en fait dans les dîners, il reprend à haute voix, mais comme pour lui-même, la phrase qui lui plaît tant: «l'honneur, les chiens...» Alors le jeu des convives est tout trouvé: chercher à identifier ces chiens. Des noms sont prononcés. L'auteur de la formule les récuse un à un. Puis il faut enfin satisfaire la curiosité... Le chien des chiens, c'est Carreyrou.

Étrange accusation. Carreyrou a été un ami loyal de Bérégovoy. Non servile, mais loyal.

La justification de ce choix est ailleurs, dans un égocentrisme assez sidérant. Après qu'il a nommé Carreyrou, Mitterrand ajoute, dans la foulée, en manière d'explication définitive: «Il me poursuit de sa haine depuis trente ans.»

D'un seul coup d'un seul, Bérégovoy et sa mort sont relégués à un autre plan. «On» est le chien des chiens quand on vise le très haut. Le reste n'est qu'anecdotique. Le clou est enfoncé une fois pour toutes lorsqu'il est dit : «Carreyrou se sert de sa prétendue amitié avec Bérégovoy pour faire de moi le responsable de sa mort ! »

Il ne saurait y avoir de plus grand crime, en effet. Tranquillement, sur la fin de ces agapes de funérailles, dieu se réinstalle donc au centre du monde...

Ainsi, coiffant sur le fil des confrères du *Monde* et du *Canard enchaîné*, Gérard Carreyrou a gagné ses galons de meneur de meute le soir même du décès de son ami. Une phrase a suffi : «Il semble que, ces derniers temps, Pierre Bérégovoy ait eu du mal à avoir l'Élysée au téléphone.»

L'accusation de lâchage est lancée. Elle fera florès.

Pour le coupable ainsi désigné, elle est intolérable.

Elle l'est tellement qu'elle va inspirer une manipulation dans laquelle le sordide le dispute au ridicule.

14

La quatrième cohabitation

On ne peut tenter d'apporter une réponse honnête à la question de savoir si Mitterrand a lâché Bérégovoy sans prendre en considération le fait que, à cette période-là, le Président vit et subit sa quatrième cohabitation.

Il en est à sa deuxième cohabitation politique.

Par ailleurs, pratiquement depuis le début de son premier septennat, il cohabite avec la maladie.

Désormais, c'est avec la mort qu'il cohabite. Quatrième et ultime cohabitation...

Le serpent qu'on ne charme pas est en lui. Le dialogue à l'issue sans surprise entre la camarde et lui est engagé. Ce dialogue littéralement infernal qui prend toute la place, qui ne laisse pas un instant de répit. Une frontière imperceptible mais bien réelle a été franchie entre l'état connu et balisé de malade et celui de vacataire de la vie. Cette réalité ennemie que l'on porte en soi supplante tout. Il n'y a plus au monde que le foisonnement mortel et sournois des cellules tueuses et l'attention désespérée du guetteur d'ombres qui, jour après jour, heure après heure peut-être, traque l'ampleur du mal.

Dans ce combat qui n'en est pas un, les détresses et les drames périphériques ne comptent guère. Ils se trouvent relégués, bien sûr, dans les sphères du dérisoire.

Mitterrand ne lâche pas Bérégovoy plus qu'il ne lâche l'immense majorité des autres. Il est entré dans ce lieu improbable où il ne peut être rejoint. Ce qui est d'une tout autre nature.

Il sera donc d'autant plus blessé par la suspicion de lâchage émise par Carreyrou qu'il la ressent comme injuste. On serait tenté de dire existentiellement injuste.

La réaction est pathétique. Les moyens, les procédés que l'entourage va employer pour essayer de ruiner la suspicion sont, quant eux, pitoyables, misérables. En outre, et ce n'est pas là la moindre de leurs caractéristiques, ils se révéleront d'une maladresse confondante.

Puisqu'il s'agit d'administrer la preuve que Mitterrand n'a pas abandonné Bérégovoy depuis l'échec de la gauche aux élections législatives de mars, on va inventer ce que Gérard Carreyrou appelle le «gros mensonge».

Dans ce stratagème, où l'on croit reconnaître la patte du conseiller en liste dénonciatrice, la prédiction si bien calibrée du suicide par arme émise par le même personnage prend toute sa place.

Ainsi, averti le mercredi ou le jeudi précédant le drame du danger que Pierre Bérégovoy représente pour lui-même, le Président dira l'avoir joint ou avoir tenté de le joindre ce même jeudi. Selon certaines versions, il aurait confié n'avoir pu toucher l'ancien Premier ministre lui-même, mais son épouse. D'autres avancent que l'initiative du coup de fil aurait été de Bérégovoy, et que le Président aurait, cette fois, accepté de prendre son appel.

L'impression qui prévaut aujourd'hui est que rien de cela n'est arrivé.

Néanmoins, poursuivant dans cette voie, le Président et son entourage feront courir le bruit que Pierre Bérégovoy était convié à déjeuner à l'Élysée le lundi 3 mai. Cette invitation était censée apporter la preuve indiscutable qu'il n'y avait pas lâchage. En outre, elle corrigeait l'impression désastreuse que laissait la rumeur persistante selon laquelle le Président serait allé déjeuner au Puy-de-Dôme, le samedi, le jour même de la mort de son ancien compagnon de route. Sans même avoir à se détourner, son hélicoptère pouvait alors fort bien faire une halte à Nevers pour un salut à l'ancien Premier ministre et camarade de parti.

Bien entendu, cette halte manquée n'était plus entachée d'indifférence si un déjeuner était effectivement arrêté pour le lundi suivant.

Hélas, selon toute évidence, ce déjeuner est un mensonge...

Un mensonge qui va cependant apporter une explication à une des anomalies les plus criantes touchant à la mort de Pierre Bérégovoy: la disparition de son agenda personnel.

Malheureusement, l'explication basée sur l'invention du déjeuner à l'Élysée n'éclaire rien et ne fait, elle aussi, qu'épaissir les zones d'ombre déjà si nombreuses dans cette affaire.

À proprement parler, nous quittons ici les hauteurs de la tragédie antique pour verser dans le rocambolesque et le glauque d'un très mauvais feuilleton.

15

Comprendre

Dans l'esprit des gens ordinaires, on fait disparaître un agenda quand on veut nier l'existence d'un rendez-vous.

Dans l'esprit des gens peu ordinaires auxquels nous avons affaire, la disparition du carnet n'a d'autre but que de nier un rendez-vous qui n'existe pas. C'est-à-dire faire entrer dans l'inexistant un événement qui n'existe pas. Une vraie volupté intellectuelle pour un énarque moyen.

Le raisonnement est le suivant.

Puisque le déjeuner du lundi 3 mai à l'Élysée est une fable, ce non-rendez-vous ne peut en aucun cas figurer dans l'agenda de l'intéressé.

Puisqu'il n'y figure pas, ce qui prouve qu'il n'existe pas, il faut supprimer cette preuve et donc faire disparaître l'agenda.

On le constate, ce n'est pas la voie la plus simple qui a été retenue.

Supposons qu'on ait laissé l'agenda là où il se trouvait, dans la poche intérieure du costume de Pierre Bérégovoy. Il y est de façon certaine, comme le montrent les images de France 3 Bourgogne enregistrées quelques minutes avant le drame.

Donc nous laissons l'agenda à sa place. Il est restitué à la famille avec les autres effets personnels du disparu.

Au cas assez improbable où les proches iraient publiquement s'étonner de ne pas y voir figurer le prétendu rendez-vous, on aurait assez beau jeu de rétorquer que ce n'est pas parce qu'il n'a pas été inscrit qu'il n'était pas prévu. Un rendez-vous comme celui-ci revêt une telle importance aux yeux de l'intéressé qu'il a pu se dispenser d'en prendre note. Un déjeuner à l'Élysée, à ce moment-là, pour cet homme-là, ce n'est pas rien. C'est même capital. Aurait-il eu besoin de le faire figurer sur une page de carnet pour y penser?

L'argument est facile, certes, mais totalement crédible.

Or, voilà bien que surgit une complication. Un rendez-vous, un vrai celui-ci, réellement mentionné dans l'agenda et dont Gilberte Bérégovoy se souviendra par la suite. Le lundi 3 mai, son mari avait effectivement un déjeuner à Paris. Il devait rencontrer un homme d'affaires, dont le nom a été précisé mais qui entend ne pas s'exprimer sur ce point.

Cela suscite deux réflexions.

La première est que, de ce fait, ce n'est plus une invitation fantôme qu'on a voulu faire disparaître, mais un véritable rendez-vous rendant impossible la fable du déjeuner à l'Élysée.

La deuxième est qu'on ne peut être que troublé devant la révélation d'un rendez-vous programmé le lundi 3 mai par Bérégovoy lui-même alors qu'on n'a de cesse de tenter de nous convaincre qu'il avait décidé de mettre fin à ses jours le 1er mai…

Troublé, on l'est également lorsqu'on se penche sur la façon dont on a procédé pour faire disparaître l'agenda. Les questions sont : quand et où a-t-il été dérobé ? Et à l'initiative de qui cet escamotage a-t-il été perpétré ?

Nous savons que ce n'est qu'à partir de la banderille plantée par Gérard Carreyrou à TF1 dans la soirée du drame à propos de l'indifférence de l'Élysée aux coups de fil du disparu que se fait jour la nécessité d'inventer une rencontre prochaine. Donc, avant cette heure avancée de la soirée, il n'existe aucune raison de s'assurer de l'agenda.

À cette heure-là, le corps de Pierre Bérégovoy est à Paris, au Val-de-Grâce. Ses effets personnels y ont-ils été transportés, ou sont-ils restés à Nevers ? Là où ils se trouvent, là a été dérobé l'agenda. Sur l'ordre de qui ? Et par qui ?

La seule certitude acquise est que la famille, malgré des demandes réitérées, ne reverra jamais ledit carnet. Aucune recherche autre que privée ne sera entreprise, cela même lorsque les images de France 3 apporteront la preuve que l'ancien Premier ministre était encore en possession de ce document essentiel quelques minutes avant le coup de feu.

Là aussi, service minimum. Pis que minimum. Indigent. Pourtant, révéler à quel moment, en quel endroit, et par qui l'agenda a été pris ne devrait pas soulever des obstacles insurmontables aujourd'hui, puisque nous sommes invités à croire que nous savons tout des raisons qui ont poussé à le faire disparaître.

À moins, naturellement, que cette disparition ait d'autres causes, infiniment plus sérieuses et plus compromettantes, que la volonté de masquer l'absence d'invitation à déjeuner du lundi.

Nous parlions de maladresse. Faire disparaître l'agenda en constitue une de taille, puisqu'elle ouvre le champ à mille et une spéculations. Cela dit, il en est une au moins, parmi ces dernières, qui mérite d'être évoquée...

Elle se réfère à la conception des esprits ordinaires pour lesquels on fait disparaître un agenda de préférence pour effacer toute trace d'un rendez-vous bien réel.

Ce scénario a l'avantage de présenter des cohérences dont nous ne retiendrons que la valeur de jeu de l'esprit.

Dans cette hypothèse, donc, Pierre Bérégovoy a effectivement un rendez-vous et son carnet lui est dérobé afin qu'on ne puisse découvrir ni où, ni quand, ni avec qui ce contact doit avoir lieu. Fort de cela, il est divertissant, sinon instructif, de tenter de recomposer certains faits et gestes des dernières heures.

Ainsi, le passage par la mairie après le départ de la course cycliste, en ce jour férié où aucun collaborateur n'est à son poste. On peut imaginer que, dans la perspective de ce rendez-vous, le député-maire ait pu vouloir récupérer un papier quelconque, un document…

Ensuite, nous l'avons vu, il se fait conduire à la gare. Dans la première version, celle attestée par l'Inspection générale des services, on le voit consulter un panneau indicateur, sortir son agenda et y écrire rapidement quelque chose. Devant ces faits, est-il aberrant de considérer que ce peut être l'horaire d'un train qu'il note ? Un train qui amènerait à Nevers la personne avec laquelle il aurait rendez-vous… Le train de 16h24, par exemple, qui circule en cette saison les dimanches et jours fériés.

N'oublions pas qu'il consulte de nouveau son agenda un peu plus tard au camping, à l'arrivée de la compétition de canoë-kayak… On se refusera à croire que ce serait pour vérifier l'heure exacte à laquelle notre homme a prévu de se donner la mort. On imaginera plus volontiers qu'il vérifie ainsi l'information griffonnée à la gare pour évaluer, par exemple, le laps de temps qui lui reste avant l'éventuel contact.

L'heure venue, il monte en voiture, se fait conduire à l'écart, puis téléphone pour préciser le lieu exact et le moment du rendez-vous… Par exemple dans un quart d'heure, du côté du canal. Un quart d'heure suffit en effet pour venir de la gare.

Il ne reste plus qu'à éloigner le chauffeur.

La suite possible est facile à imaginer. L'agenda étant dérobé, il ne restera aucune trace de la rencontre.

L'arme, dira-t-on…

La première remarque qu'il convient de faire est que ce n'est pas parce qu'elle n'est pas dans la boîte à gants au moment où le chauffeur vient rechercher le garde du corps au camping qu'elle se trouve nécessairement, à cet instant précis, dans la poche ou entre les mains de Pierre Bérégovoy…

Dès lors, plusieurs hypothèses sont envisageables. Encore une fois, nous ne les effleurons que pour la forme et le plaisir du jeu… Voire.

Première hypothèse: l'arme a pu être dérobée dans la voiture même au cours de l'après-midi par un comparse dudit rendez-vous. Si le véhicule a fait l'objet d'une surveillance aussi relâchée que l'arme elle-même, il n'est pas douteux qu'il ait pu être approché, voire investi, soit dans le moment du départ du prix cycliste, soit lorsque les deux collaborateurs vont dans la mairie à la rencontre de leur patron, ce qu'atteste la première version des faits, soit au camping où, nous l'avons vu, un assez long temps s'écoule, puisque Pierre Bérégovoy a le loisir de se promener au bord de la Loire.

Deuxième hypothèse dont nous tenons à affirmer qu'elle nous semble friser le délire le plus fou: très embarrassée par le drame, la «hiérarchie» tiendra à tout prix à accréditer la thèse du suicide et imposera aux déposants, sur ordre exprès – ils relèvent de son autorité –, l'explication *ad hoc*. Bien sûr, cela ne se produit que dans les mauvais films de barbouzes.

Il existe encore d'autres schémas possibles, mais nous en ferons ici l'économie tant ils nous paraissent extravagants et davantage conformes aux pratiques de barbaries bananières que d'une République éclairée et policée comme la nôtre.

Ces scénarios plus qu'improbables ne sont abordés ici que pour montrer combien la disparition de l'agenda peut être fertile en fantasmes. L'idée de l'escamoter est donc une très mauvaise idée. Une de plus. Dans cette affaire, elles n'ont pas manqué.

Cependant, l'essentiel est ailleurs.

Il réside dans le fait, en lui-même terrible, que, pour les uns et les autres, le suicide de Pierre Bérégovoy, en ce printemps 1993, pouvait aller de soi. C'est-à-dire que, d'une manière plus ou moins consciente, il était admis par tout le monde, des plus puissants aux plus humbles, que ce qu'on avait fait vivre à cet homme depuis des mois donnait effectivement matière à se supprimer, justifiait qu'il mît fin à ses jours.

C'est ce point qu'il faut retenir plus que tout autre.

C'est là qu'est la dimension de tragédie antique dans la dérive et la fin du petit homme de Nevers, au bord d'un canal après la pluie. Et ce n'est surtout pas parce qu'il a – ou aurait – appuyé lui-même sur la détente du 357 Magnum F1 Spécial Police de marque Manhurin qu'il n'y aurait ni responsables ni coupables.

François Mitterrand concluait son oraison funèbre de 1993 par les derniers mots du grand savant Jacques Monod: «Je cherche à comprendre.» «Ces mots que chacun répète en soi-même jusqu'à la fin», ajoutait-il.

Tenter de comprendre, certes. S'efforcer de pardonner peut-être. Passer par profits et pertes les zones d'ombre et les questionnements qui dérangent, sûrement pas!

Épilogue

La plus grande erreur de Pierre Bérégovoy aura probablement été de s'illusionner quant à ses aptitudes à surfer sur les vagues et les courants désordonnés de cette bizarrerie d'État que fut la mitterrandie. Il n'était pas authentiquement l'homme de la situation. En outre, le destin qu'il s'était choisi était peut-être un peu trop grand pour lui. Il ne lui tombait pas mieux que certains de ses costumes.

Ce décalage entre les talents requis pour nager dans ces eaux fort troubles et ses véritables capacités le désignait pour être la première victime, au moins au plan politique, lorsque le naufrage serait là.

Qu'il ait eu, lui aussi, comme tout être humain, comme tout homme de pouvoir surtout, sa part d'ombre n'est pas douteux. Il n'en reste pas moins que la réalité tragique des douze derniers mois de sa vie est qu'on ne lui a pas laissé beaucoup de chances.

À y regarder de près, on ne lui en a même laissé aucune.

Cela dit, subsiste son parcours. Une trajectoire assez éblouissante qui l'a conduit, tout de même, d'un café-épicerie de village aux palais de la République… Demeure aussi cette destinée qui commence et finit dans des atmosphères, encore une fois, à la Simenon. Un bistroquet de faubourg probablement enfumé et bruyant, le soir tombant, à l'heure des devoirs à l'encre violette. Puis, pour faire une fin, une fin de héros sombre, un prix cycliste de province et un canal après la pluie. Cette tragédie, quels qu'en soient les tenants et les aboutissants, est celle d'un homme exclu, éliminé, broyé par le système dont il a été le serviteur zélé et l'un des architectes. En cela, ce destin a valeur de fable universelle, car de tous temps, en tous lieux, il y a eu et il y aura des Pierre Bérégovoy, des êtres plus vulnérables que d'autres imprudemment égarés dans la gueule du monstre froid qu'est tout État.

Aurait-il goûté, lui, le petit homme de Nevers cette approche de son histoire? Aurait-il aimé que tant de questions rôdent encore autour de lui, de son nom, de son sourire roide dix ans après?

Une chose est certaine: cet homme méticuleux et pointilleux aurait, avec rage, rendu leur copie aux étourdis, aux désinvoltes, qui auraient osé lui présenter un dossier aussi peu convaincant que les quelques feuillets traitant de sa mort!

Il n'a été procédé qu'à l'enquête de pure formalité sur les causes de la mort prévue par l'article 74 du Code de procédure pénale «en cas de découverte d'un cadavre, qu'il s'agisse ou non d'une mort violente [...]».

C'est un peu court.

Dix années ont passé. La prescription est imminente.

Jusqu'alors, le silence de ceux qui, éventuellement, «savent» pouvait être inspiré par la peur, la prudence ou la décence mal comprise.

Désormais, il relève de la complaisance, de la lâcheté. Si ce n'est de la complicité.

Le 1er mai 1993 au soir, Michel Charasse lançait à la télévision: «Je serais juge ou journaliste, je ne dormirais pas bien ce soir.» À l'heure de la prescription, il se peut que d'autres connaissent des nuits tourmentées.

Table

CET OUVRAGE A ÉTÉ ACHEVÉ D'IMPRIMER
SUR ROTO-PAGE PAR L'IMPRIMERIE FLOCH
À MAYENNE EN FÉVRIER 2003, POUR LE
COMPTE DES ÉDITIONS DE LA TABLE RONDE.

Dépôt légal : mars 2003.
N° d'édition : 3633.
N° d'impression : 56512.
Imprimé en France.